GLOW

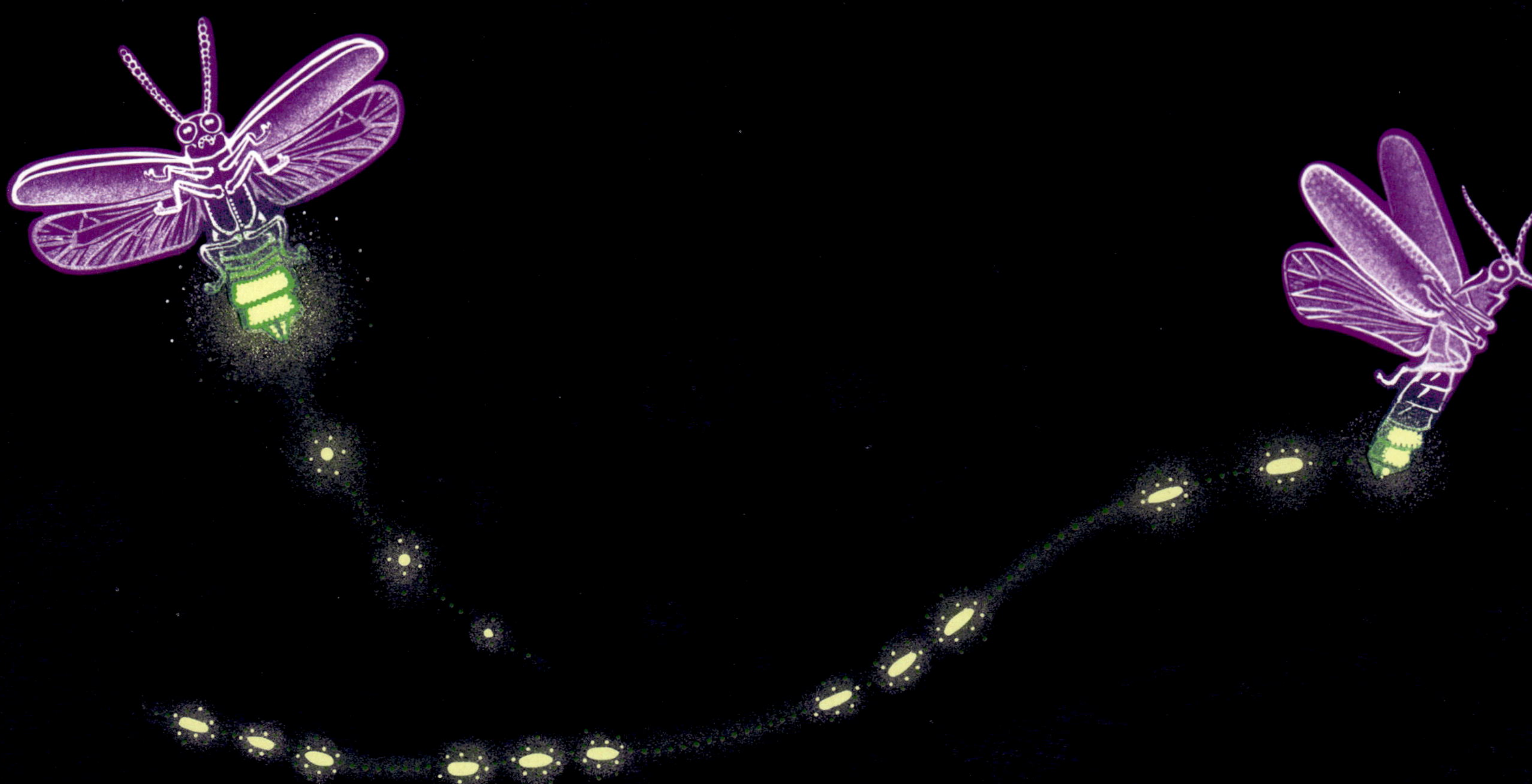

MIX
Papier | Fördert gute Waldnutzung
FSC® C019910

Penguin Random House Verlagsgruppe
FSC® N001967

2. Auflage 2024

Zuerst erschienen 2023 unter dem Titel »GLOW – the Wild Wonders of Bioluminescence« bei Thames & Hudson Ltd, 181A High Holborn, London WC1V 7QX
Übersetzung aus dem Englischen: Ulrike Hauswaldt
Umschlagkonzeption: Lena Ellermann, Potsdam, unter Verwendung einer Illustration von Jennifer N. R. Smith
aw · Herstellung: aw
Satz: Lorenz+Zeller GmbH, Inning a. A.
Druck: Artron Art (Group) Co., Ltd.
ISBN 978-3-570-18113-3
Printed in China

www.cbj-verlag.de

JENNIFER N. R. SMITH

GLOW

Das WUNDERSAME LEUCHTEN der Natur

cbj

INHALT

DIE NATUR LEUCHTET UND FUNKELT

1.

2.

ES IST EIN WARMER SOMMERABEND AM STRAND UND DIE SONNE IST GERADE UNTERGEGANGEN. Aus dem Augenwinkel siehst du, wie die Wellen im Zwielicht merkwürdig aufblitzen. Dir wird klar, es ist keine Einbildung. Du gehst noch näher an das Meer heran und bückst dich, um deine Hand durch das seichte Wasser zu ziehen. Ein schwaches blaues Licht folgt den Bewegungen deiner Hand. Du ziehst deine Hand aus dem Wasser und winzige Pünktchen leuchten auf und verblassen auf deiner Haut.

Die Nacht bricht an und deine Umgebung wird dunkel – aber das Wasser wird umso heller. Ein magisches blaues Licht leuchtet auf und verblasst mit dem Aufbäumen und Brechen der Wellen. Wenn du dich vom Wasser entfernst, leuchten auch deine Fußabdrücke im nassen Sand auf. Dieses Phänomen wird »Meeresleuchten« genannt und ist ein Beispiel für ...

BIOLUMINESZENZ

»Bio« heißt Leben und »lumen« Licht oder Leuchten.
Biolumineszenz bedeutet also lebendiges Licht.

Biolumineszenz bezeichnet die Fähigkeit bestimmter Tiere, Pilze und Bakterien, Licht auszusenden. Unter bestimmten Bedingungen finden in diesen Lebewesen chemische Reaktionen statt, bei denen Licht freigesetzt wird. Von Glühwürmchen bis zu Leuchtquallen gibt es dieses natürliche Leuchten in ganz verschiedenen Erscheinungsformen, und es erfüllt auch unterschiedliche Aufgaben.

Dabei leuchten die meisten Lebewesen nicht nur aus einem einzigen Grund. Sie leuchten, um Feinde abzuwehren oder aber Beute anzulocken, um Botschaften zu senden, einen Partner zu finden oder um sich zu tarnen. Das »Meeresleuchten« wird durch Dinoflagellaten verursacht – Kleinstlebewesen, die bei Berührung oder Erschütterung aufleuchten. Viele Arten von Dinoflagellaten können diesen Leuchteffekt herstellen, darunter auch *Noctiluca scintillans*, die du auf der rechten Seite siehst.

ABBILDUNGEN

1. Schwimmende **DELFINE** hinterlassen eine Spur aus Licht.
2. LEUCHTQUALLE
3. MEERESLEUCHTEN unter dem Mikroskop – *Noctiluca scintillans*
4. LEUCHTQUALLE, von oben

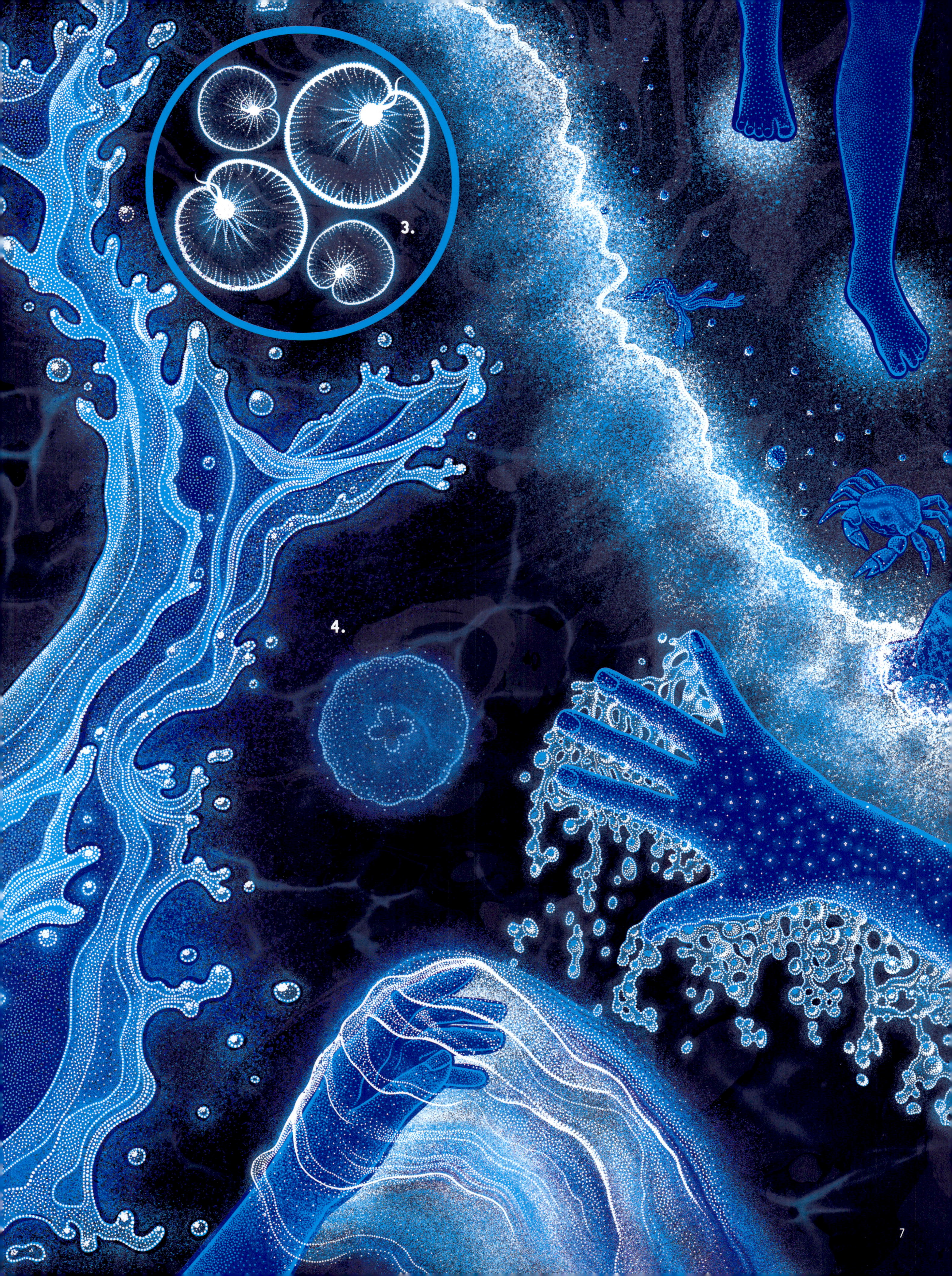
3.
4.

EINE SPRACHE AUS LICHT

BIOLUMINESZENZ KANN ZUR VERSTÄNDIGUNG EINGESETZT WERDEN.
Hast du schon mal ein Glühwürmchen gesehen? Abends in einer Hecke oder am Nachthimmel? Wenn ja, dann wahrscheinlich nicht nur eines. Glühwürmchen setzen ihre besondere Fähigkeit nämlich ein, um einander Nachrichten zu schicken.

SIND GLÜHWÜRMCHEN WÜRMER?

Nein, wir nennen sie nur so. In Wirklichkeit sind es Käfer, und sie glühen auch nicht, sondern sie leuchten. Wie bei allen Käfern schlüpfen aus den Eiern zunächst Larven, die sich später verpuppen und dann zu ausgewachsenen Käfern werden. Die Larven sehen aber wirklich ein bisschen wie Würmer aus, nur mit einem leuchtenden Hinterteil. So sind die Leuchtkäfer zu dem Namen Glühwürmchen gekommen.

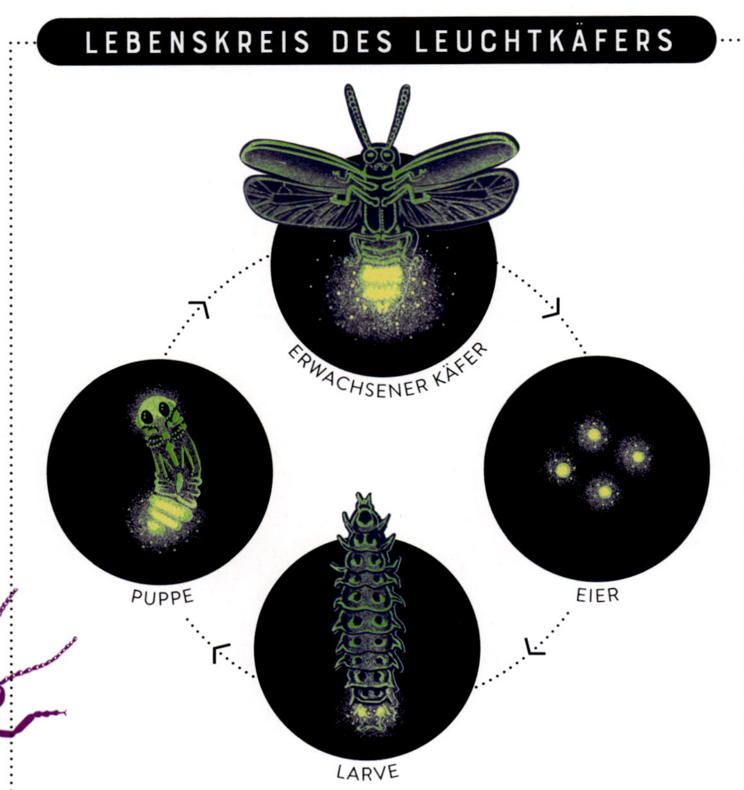

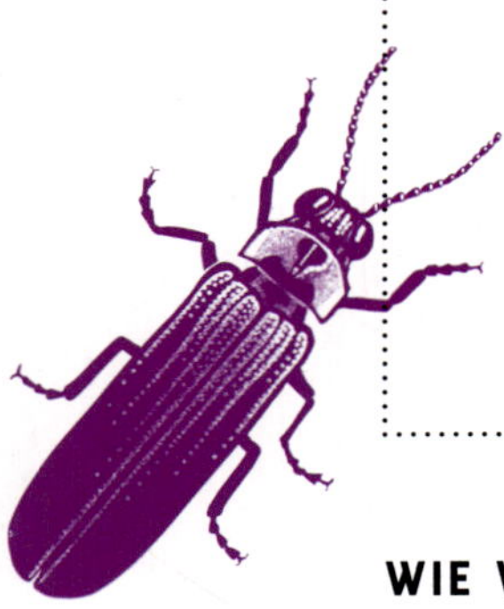

HALLO, HIER BIN ICH!

Bei den meisten Leuchtkäfern wird das Leuchten eingesetzt, um einen Partner zu finden. Beim Großen Leuchtkäfer, *Lampyris noctiluca,* der auch bei uns vorkommt, leuchten nur die Weibchen. Sie sind größer als die Männchen und haben keine Flügel.
Wenn das Weibchen auf einem Zweig sitzt und sein leuchtendes Hinterteil hochreckt, kommt das Männchen herbeigeflogen.

WIE WÄR'S MIT UNS BEIDEN?

Manche Leuchtkäfer senden kein Dauerlicht aus, sondern blinken. Jede dieser Käferarten hat ihr eigenes Muster aus An und Aus, sodass sich Weibchen und Männchen einer Art leicht finden können. Andere Leuchtkäfer, so *Photinus carolinus,* blinken im Schwarm alle gleichzeitig auf – ein Leucht-Flashmob.

DICH HAB ICH ZUM FRESSEN GERN

Der Leuchtkäfer *Photuris pensylvanica* trickst andere Leuchtkäfer aus: Die Weibchen ahmen das Blinkmuster von *Photinus*-Weibchen nach. Wenn dann ein *Photinus*-Männchen angeflogen kommt, weil es glaubt, es kann sich mit einem Weibchen paaren, wird es stattdessen von dem *Photuris*-Weibchen aufgefressen.

ABBILDUNGEN

BLINKMUSTER NORDAMERIKANISCHER LEUCHTKÄFER

1. *PHOTINUS CONSIMILIS* **2.** *PHOTINUS PYRALIS*

3. *PHOTINUS IGNITUS* **4.** *PHOTINUS GRANULATUS* **5.** *PHOTINUS MARGINELLUS*

MAHLZEIT IM LICHTERSCHEIN

UNSERE MEERE SIND RANDVOLL MIT LEUCHTENDEN LEBEWESEN.

Unglaubliche 76 % aller Meereslebewesen sind biolumineszent.

Der Ozean lässt sich in drei verschiedene Lebensräume aufteilen, in die unterschiedlich viel Licht einfällt. In der Sonnenlichtzone ist es am hellsten. Sie reicht von der Wasseroberfläche bis zu einer Tiefe von 200 Metern. Darunter, zwischen 200 und 1000 Metern Tiefe, befindet sich die Dämmerzone, in die nur sehr wenig Licht dringt. Noch tiefer, unter 1000 Metern, liegt die Tiefsee, auch Mitternachtszone genannt. Hier ist es vollkommen dunkel. Die meisten Leuchtlebewesen leben in der Dämmer- und in der Mitternachtszone. Du kannst dir bestimmt vorstellen, dass es schwierig ist, im Stockdunkeln etwas zu fressen zu finden, oder?

IM SCHEINWERFERLICHT GEFANGEN

Der Große Laternenfisch hat ovale Flecken unter den Augen, die wie Taschenlampen aufleuchten können. Diese Fische befinden sich tagsüber in der Dämmerzone und steigen nachts in die Sonnenlichtzone auf, wo sie auf die Jagd gehen. Mit ihren Scheinwerfern suchen sie nach Beutetieren und geben sich vermutlich auch gegenseitig Signale.

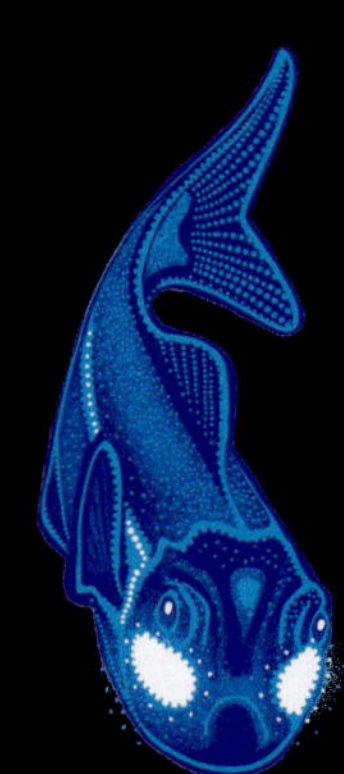

LICHT ALS LOCKMITTEL

Manche Lebewesen setzen ihr Leuchten ein, um Beutetiere anzulocken – sie leuchten ihrem Abendessen den Weg in ihr Maul! Wenn der Leuchtende Saugkrake seine Saugnäpfe aufleuchten lässt, schwimmen die winzigen Ruderfußkrebse direkt in seinen Mund.

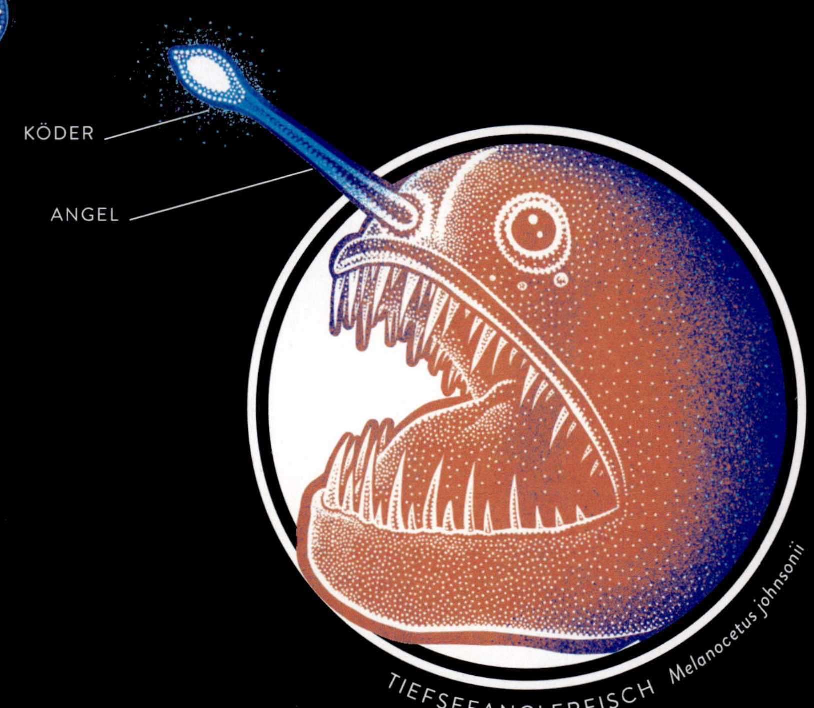

JAGEN MIT LEUCHTKÖDER

Fische fängt man am besten mit einem Köder, oder? So macht es jedenfalls der Tiefseeanglerfisch: Über seinem Maul hat er einen langen beweglichen Fortsatz, eine »Angel«, an deren Ende ein leuchtender Köder sitzt. Diesen Köder bewegt der Anglerfisch hin und her. Wenn ein anderer Fisch zuschnappt, wird er selbst zur Beute des Anglerfischs.

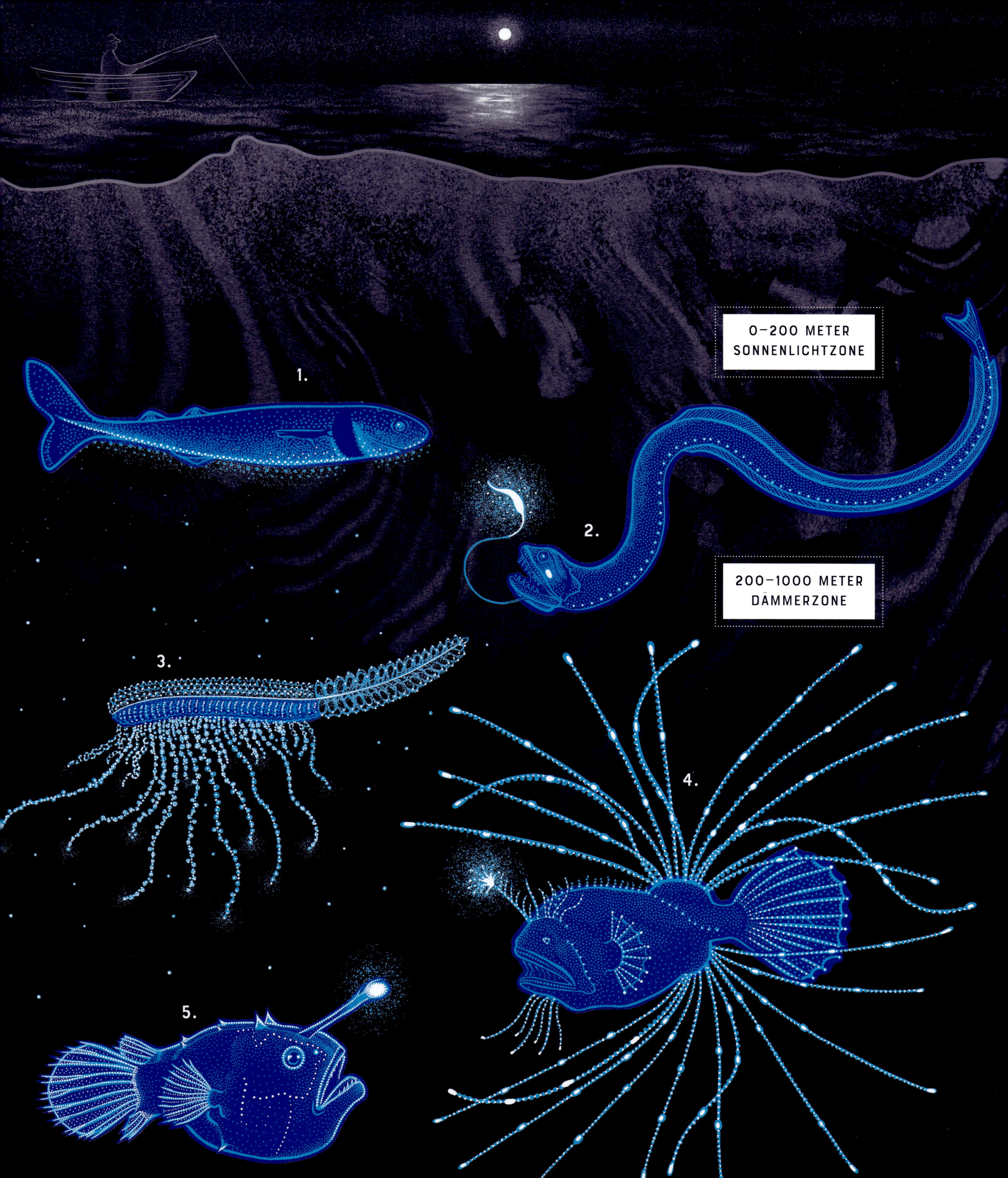

ABBILDUNGEN

1. ZIGARRENHAI **2.** SCHWARZER DRACHENFISCH **3.** STAATSQUALLE *ERENNA LACINIATA* **4.** FÄCHERFLOSSEN-ANGLERFISCH **5.** RUTEN-ANGLERFISCH

ALLES ZUR VERTEIDIGUNG

IN DER TIEFSEE LEBT ES SICH GEFÄHRLICH.
Ohne Biolumineszenz oder andere gute Verteidigungstricks wird man schnell zur Beute eines anderen Tieres.

BAMBUSKORALLE *Keratoisis flexibilis*

ANGREIFER AUFGEPASST!

Manche Lebewesen senden Licht aus, wenn sie sich bedroht fühlen – wie eine Alarmanlage. So macht es die Bambuskoralle. Berührt sie ein Flossenschlag, vertreibt sie die Eindringlinge mit grellen blauen Neonblitzen. Die Alarmqualle löst sogar ein ganzes Leuchtrad aus Blinklicht aus, wenn sie angegriffen wird. Dadurch werden größere Raubtiere aufmerksam, die dann diejenigen jagen, die die Alarmqualle fressen wollten!

VAMPIRTINTENFISCH *Vampyroteuthis infernalis*

JETZT SIEHST DU MICH …

Und jetzt nicht! Viele Tiefseebewohner setzen Biolumineszenz ein, um ihre Fressfeinde zu blenden und zu verwirren. Ein Beispiel dafür ist der Vampirtintenfisch. Du kennst wahrscheinlich den Trick vieler Tintenfische, dunkle Tinte auszustoßen, um Angreifern die Sicht zu vernebeln. Was der Vampirtintenfisch macht, ist ähnlich. Nur dass er leuchtende Schleimwolken ausstößt und sich dann schnell verzieht. Aber es kommt noch schlimmer: Der Leuchtschleim bleibt an dem Angreifer kleben und lockt größere Raubtiere an.

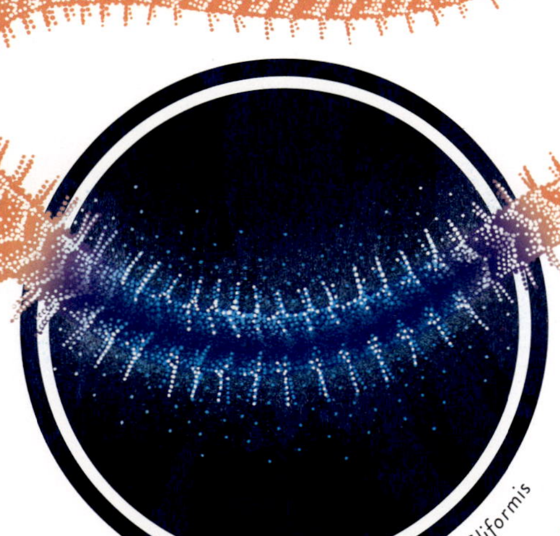

SCHLANGENSTERN *Amphiura filiformis*

TÄUSCHUNGSMANÖVER

Der Schlangenstern ist mit dem Seestern verwandt und hat wie dieser fünf lange, bewegliche Arme. Wenn der Schlangenstern angegriffen wird, rettet er sich, indem er einen einzelnen Arm abwirft. Der abgeworfene Arm leuchtet auf und zieht die ganze Aufmerksamkeit des Angreifers auf sich, sodass der Schlangenstern entkommen kann. Wenn der Räuber das Pech hat, durchsichtig zu sein, leuchtet der verschlungene Arm in ihm weiter, und er wird selbst zur Beute. Der Schlangenstern lässt sich hingegen einfach einen neuen Arm wachsen.

ABBILDUNGEN

1. ALARMQUALLE **2.** KRONENQUALLE **3.** LEUCHTGARNELE
4. MEERESGLÜHWÜRMCHEN **5.** KAUGUMMIKORALLE **6.** VENUSFLIEGENFALLEN-SEEANEMONE
7. SCHLANGENSTERN **8.** BAMBUSKORALLE

LEUCHTEN ALS TARNUNG

STELL DIR VOR, DU BIST EIN HUNGRIGER DELFIN AUF DER SUCHE NACH ETWAS ZU FRESSEN. Die Sonne scheint durch das Wasser über dir. Unter dir ist das Meer trübe und finster. Die Aussicht auf ein Mittagessen ist doch viel höher, wenn du nach oben schwimmst, wo sich die Körper der Fische gegen das Sonnenlicht abzeichnen, als nach unten in das Dunkel.

Jetzt versetze dich in den Fisch, der keine Lust hat, zum Mittagessen verspeist zu werden. Wie kannst du verhindern, dass der Delfin dich sieht? Lass einfach deinen Bauch leuchten! Mit einem hellen Bauch wirst du vor dem hellen Hintergrund kaum wahrgenommen. So funktioniert Leuchten als Tarnung. Viele Fische, Tintenfische und Garnelen, die in der Sonnenlichtzone des Ozeans leben, setzen die **GEGENBELEUCHTUNG** ein, um sich nach unten hin unsichtbar zu machen.

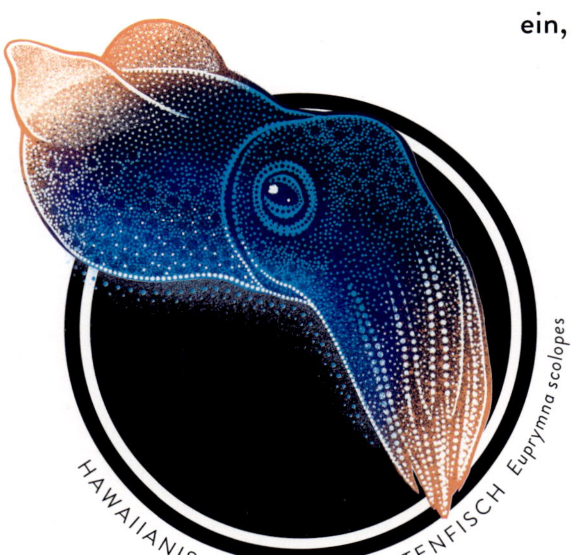

IMMER WACHSAM

Der Glaskopffisch, der zu den Gespensterfischen gehört, hat eine durchsichtige Stirn und empfindliche, lange grüne Augen, die er nach oben oder vorne richten kann. Vermutlich kann er mit ihnen Sonnenlicht und Biolumineszenz gut unterscheiden und Leuchttiere austricksen.

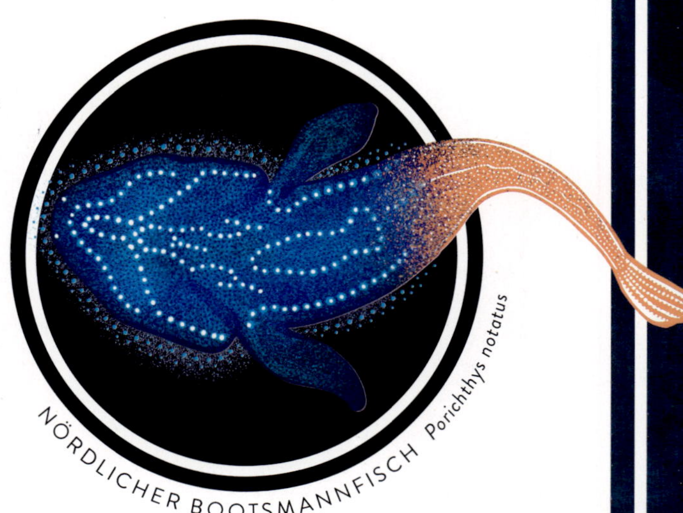

TARNUNG FÜR DEN RÄUBER

Der Zwergtintenfisch lebt in Küstennähe. Auf seinem Körper haften Leuchtbakterien, die ihn im Mondlicht unsichtbar machen. Diese Gegenbeleuchtung hilft ihm, sich ungesehen an seine Beutetiere, leckere Garnelen, anzupirschen.

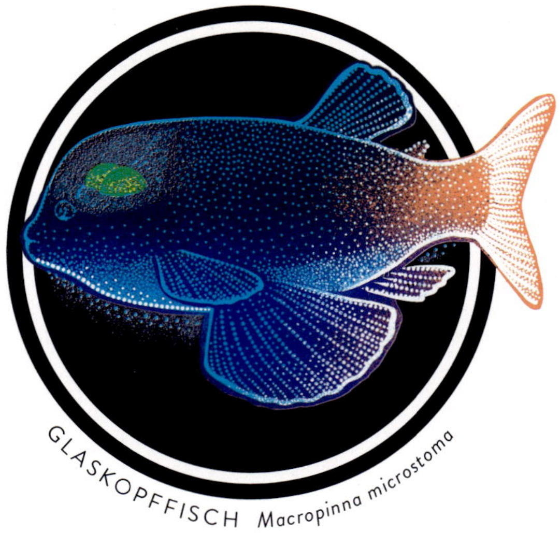

LEBENDER DIMMERSCHALTER

Leuchtorgane, also Organe, die in der Lage sind, Licht zu erzeugen, nennt man Photophoren. Sie können an- und ausgeschaltet und sogar gedimmt oder hochgestellt werden! So können sich Leuchttiere wie der Bootsmannfisch perfekt an ihre Umgebung anpassen.

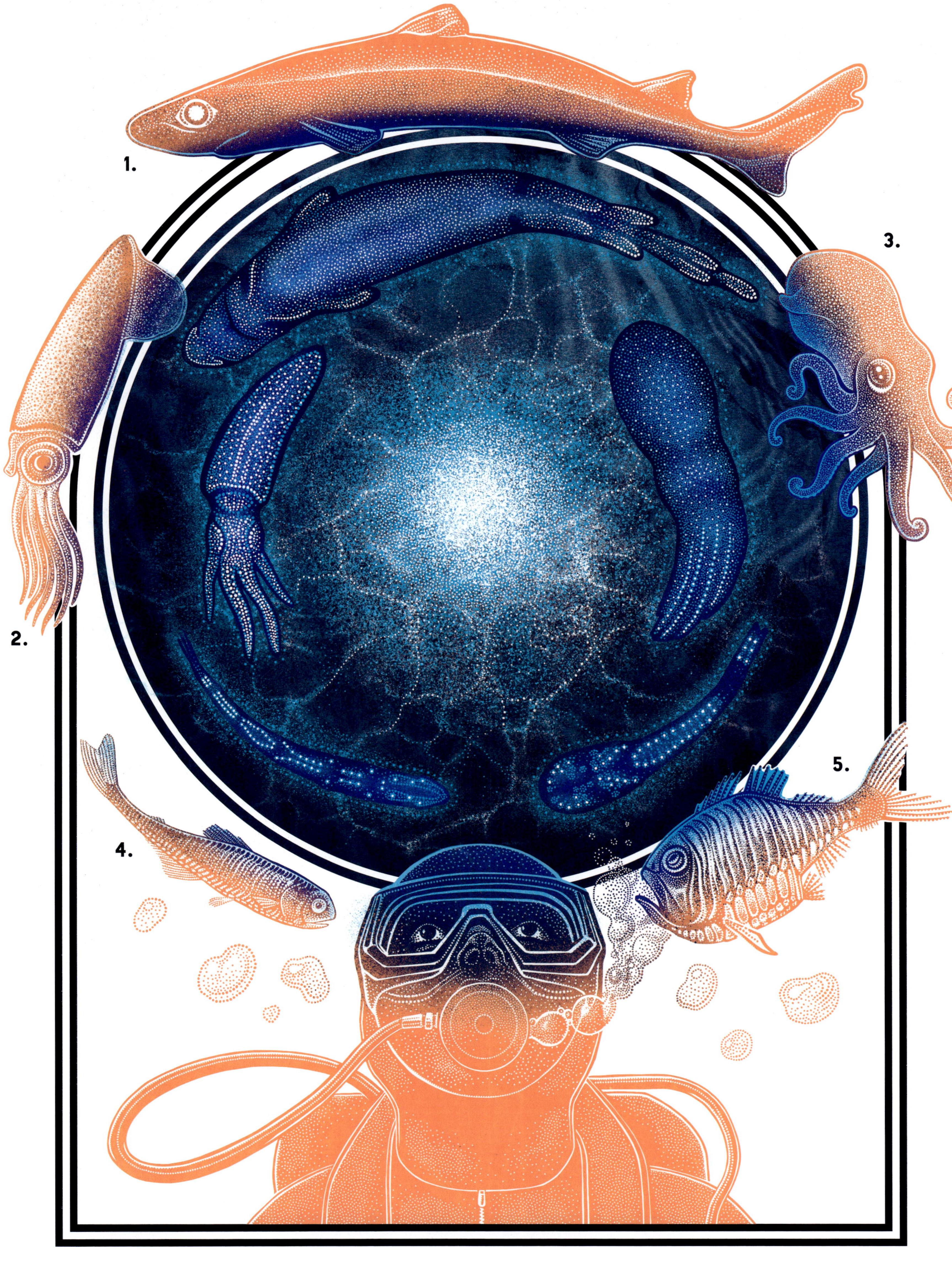

ABBILDUNGEN

1. SAMTBAUCH-LATERNENHAI **2.** GLÜHWÜRMCHEN-TINTENFISCH **3.** HAWAIIANISCHER ZWERGTINTENFISCH **4.** LATERNENFISCH **5.** SILBERBEILFISCH

MAGISCHE LEUCHTPILZE

LEUCHTPILZE SCHEINEN EHER IN DAS MÄRCHENREICH ZU GEHÖREN.
Aber es gibt sie wirklich, und zwar überall auf der Welt.
Augenblicklich sind über 100 Pilzarten bekannt, die Licht erzeugen können.
Und es werden ständig neue Arten entdeckt.

WARUM LEUCHTEN MANCHE PILZE?

Hast du schon mal beobachtet, dass Insekten immer zum Licht hin fliegen? Wissenschaftler gehen davon aus, dass genau das der Grund ist, warum es biolumineszierende Pilze gibt: Sie wollen mit ihrem Licht Insekten anlocken. Wenn ein Insekt über einen Leuchtpilz krabbelt, nimmt es die Sporen des Pilzes auf – das sind die Teilchen, mit denen sich der Pilz fortpflanzt. Das Insekt verteilt die Sporen überall, wo es danach hinfliegt, und verbreitet dadurch den Pilz.

PILZ MIT ZEITSCHALTUHR

Viele Pilzarten verströmen ihr Leuchten Tag und Nacht. Der Brasilianische Leuchtpilz hingegen stellt das Leuchten tagsüber, wenn es nicht zu sehen wäre, ein. Das spricht dafür, dass das Leuchten eine ganz bestimmte Funktion erfüllt und nicht einfach nur zufällig entstanden ist.

WER TRAUT SICH, MICH ZU FRESSEN?

Nur weil ein Pilz leuchtet, heißt das nicht, dass er giftig ist. (Allerdings solltest du gefundene Pilze niemals essen, wenn du kein erfahrener Pilzsammler bist!) Manche Forscher nehmen aber an, dass das Leuchten die Pilze davor schützt, gefressen zu werden. Es lockt nämlich größere Raubtiere an. Und die könnten dann die kleineren Tiere fressen, die sonst den Pilz anknabbern würden.

SO IST EIN PILZ AUFGEBAUT

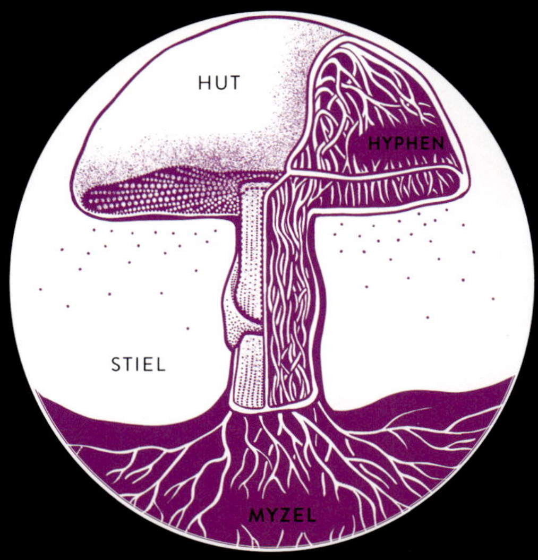

Der Teil des Pilzes, der aus dem Boden wächst, ist der Fruchtkörper. Er besteht aus Stiel und Hut, in denen sich ein Geflecht aus sehr dünnen Zellfäden befindet. Diese Fäden (Hyphen) verbinden den Fruchtkörper mit dem viel größeren Pilzgeflecht im Boden, dem Myzel. Es kann kilometerlang sein.

Bei manchen Pilzen, so beim Honiggelben Hallimasch, leuchtet nur das Myzel, das man normalerweise ja gar nicht sehen kann. Warum das so ist, ist zurzeit noch ein Rätsel.

ABBILDUNGEN

1. GROSSER BLUTHELMLING **2.** *FILOBOLETUS MANIPULARIS* **3.** *MYCENA LUXAETERNA* **4.** KLEINER ZWERGKNÄUELING **5.** HERBER ZWERGKNÄUELING **6.** *MYCENA CHLOROPHOS* **7.** DUNKLER ÖLBAUMTRICHTERLING **8.** AUSTRALISCHER GEISTERPILZ

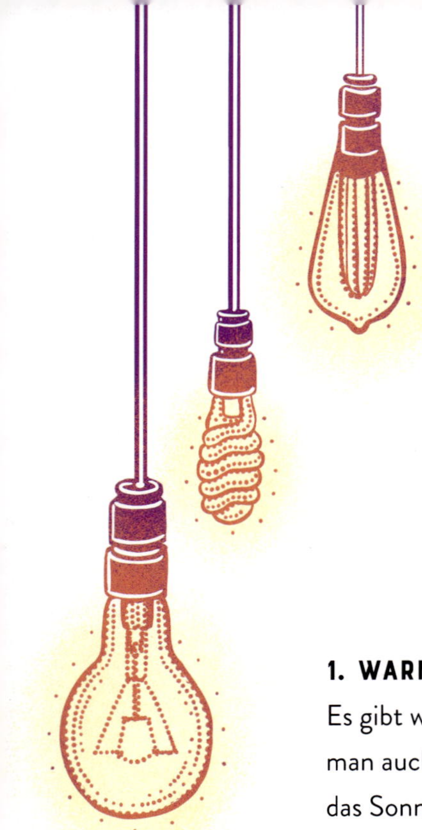

VERSCHIEDENE ARTEN VON LEUCHTEN

OFT WIRD BIOLUMINESZENZ FÄLSCHLICH ALS PHOSPHORESZENZ BEZEICHNET.

Als wäre das nicht schon verwirrend genug, gibt es dann auch noch die Biofluoreszenz. Also, was ist das denn jetzt alles?

1. WARM ODER KALT?

Es gibt warmes und kaltes Leuchten. Warmes Leuchten könnte man auch als sichtbare Hitzestrahlung bezeichnen. Hierzu zählen das Sonnenlicht, die Flammen oder die Glut eines Feuers. Kaltes Leuchten, das also nicht von Wärme begleitet wird, nennen wir Lumineszenz. Biolumineszenz, Biofluoreszenz und Phophoreszenz sind alle drei Formen des kalten Leuchtens.

2. CHEMISCHE REAKTION – JA ODER NEIN?

Biolumineszenz entsteht durch eine chemische Reaktion in einem Lebewesen. Wenn bestimmte Stoffe miteinander in Berührung kommen, reagieren sie – das bedeutet, sie verändern sich – und setzen dabei Licht frei. (Das Rezept findest du auf S. 28/29!)

Biofluoreszenz und **Phosphoreszenz** gehen nicht auf chemische Reaktionen zurück. In beiden Fällen wird das Licht einer anderen Quelle, zum Beispiel Sonnenlicht, aufgenommen und umgewandelt.

LICHT AN, LICHT AUS

Biofluoreszenz kommt bei Meeresbewohnern vor, die in der Sonnenlichtzone leben, zum Beispiel beim Jamaika-Stechrochen. Das Sonnenlicht trifft auf seine Körperoberfläche und wird unmittelbar in veränderter Wellenlänge wieder abgestrahlt. Dadurch leuchtet er in einer ganz anderen Farbe als die Sonne. Wenn die Sonne untergegangen ist, kann auch der Stechrochen nicht mehr leuchten.

Wenn das Licht von einer Oberfläche gespeichert und über einen längeren Zeitraum hinweg wieder abgestrahlt werden kann, spricht man von **Phosphoreszenz**. Ein phosphoreszierendes Tier kann also nach Sonnenuntergang noch weiterleuchten.

ABBILDUNGEN

1. LANGSCHNÄUZIGES SEEPFERDCHEN **2.** KETTENKATZENHAI **3.** *OLINDIAS FORMOSA* **4.** GRÜNAUGE
5. ECHTE KARETTSCHILDKRÖTE **6.** JAMAIKA-STECHROCHEN **7.** VERSCHIEDENE KORALLEN

EINE GEHEIME LEUCHTWELT

MANCHE TIERE STRAHLEN EIN LICHT AB, DAS MENSCHEN NICHT SEHEN KÖNNEN.
Mithilfe von Technologie kann dieses uns verborgene Leuchten sichtbar gemacht werden.

SIEHST DU DAS LICHT?

Licht bewegt sich wellenförmig. Lichtstrahlen sind also keine geraden Linien, sondern Wellenlinien. Die unterschiedlichen Wellenlängen nehmen wir als verschiedene Farben wahr.

Das menschliche Auge kann Licht in den Farben des Regenbogens sehen – das ganze Licht vom kurzwelligen Violett bis zum langwelligen Rot. Aber es gibt auch Licht mit noch kürzeren oder noch längeren Wellenlängen, das wir nicht sehen können. Wie können wir wissen, dass etwas leuchtet, wenn wir es nicht sehen?

DAS UNSICHTBARE SICHTBAR MACHEN

Ein biofluoreszierendes Tier nimmt Licht auf und gibt es mit niedrigerem Energiegehalt und einer längeren Wellenlänge wieder ab. Dies verändert die Farbe des Lichts. Wenn die Wellenlänge über die von rotem Licht hinausgeht, können wir das Licht nicht mehr sehen.

Doch was passiert, wenn man einen UV-Strahler auf das Tier richtet? UV steht für ultraviolett, übersetzt »jenseits von Violett«. UV-Licht hat einen sehr hohen Energiegehalt. Das abgestrahlte Licht mit geringerer Energie und längerer Wellenlänge liegt dann genau im für uns sichtbaren Bereich von Violett bis Rot.

PSSST: ICH LEUCHTE!

Nicht nur bei Algen und Fischen, nein, auch bei den beliebten Säugetieren mit Kuschelfell gibt es Arten, die bei UV-Bestrahlung leuchten. Das hat man bei vielen Tierarten Australiens festgestellt.

Schnabeltiere leuchten im UV-Licht blau-grünlich. Ob es sich bei diesem Leuchten um eine besondere Tarnung handelt oder ob sich Schnabeltiere dadurch in der Dämmerung gegenseitig leichter entdecken, ist noch unbekannt.

DER LEUCHTENDE MENSCH?

Auch Menschen geben ein ganz geringes Leuchten ab. Es ist viel zu schwach, als dass man es sehen könnte. Wäre es stärker, könnten wir uns in der Dunkelheit als Leuchtgestalten wahrnehmen!

ABBILDUNGEN

ÜBERRASCHEND VIELE LANDLEBEWESEN SIND UNTER UV-LICHT BIOFLUORESZENT.

1. SÜDLICHES GLEITHÖRNCHEN **2.** ERDCHAMÄLEON *BROOKESIA SUPERCILIARIS*
3. SPALTENSKORPION **4.** FLEISCHFRESSENDE KANNENPFLANZEN **5.** SÄGEKAUZ **6.** TUPFENLAUBFROSCH
7. DREISTREIFENSALAMANDER **8.** PAPAGEITAUCHER **9.** NACKTNASENWOMBAT

SO FUNKTIONIERT DIE BIOLUMINESZENZ

WIE KANN EIN LEBEWESEN SELBST LICHT ERZEUGEN?

Viele Einzeller, Pflanzen und Tiere haben im Lauf von Jahrmillionen ein Leuchten entwickelt. Es gibt ganz unterschiedliche Weisen, wie sie ihr Licht erzeugen.

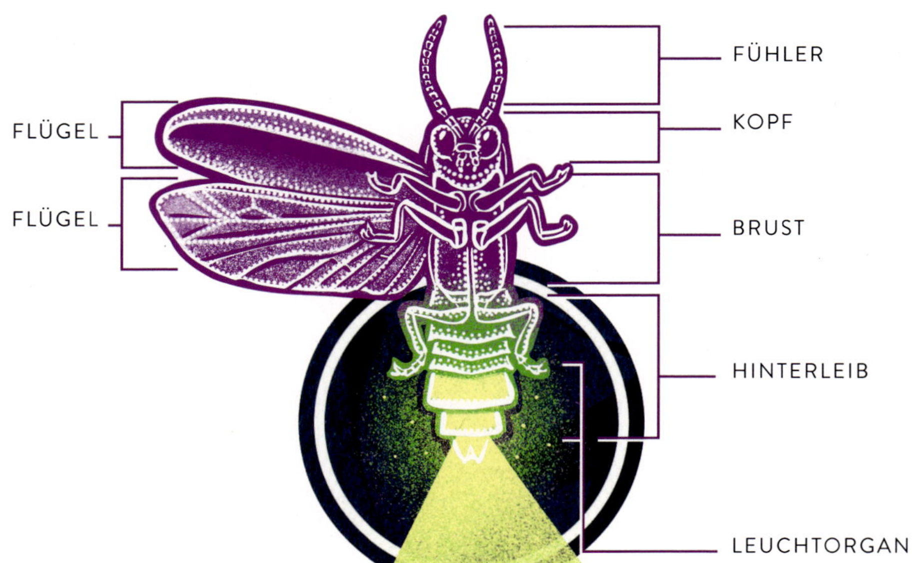

DER JOB: LICHT MACHEN

Jedes Organ in unserem Körper hat seine Aufgabe. Zum Beispiel sorgt die Lunge dafür, dass das Blut Sauerstoff aufnimmt, während das Herz das Blut durch den Körper pumpt. Biolumineszierende Lebewesen haben eigene Organe entwickelt, die Licht erzeugen können.

LEBENDIGE LATERNEN

Leuchtkäfer haben ihre Leuchtorgane an der Unterseite des Hinterleibs. Sie bestehen aus einer dicken Schicht Licht erzeugender Zellen, den Photozyten. In ihnen finden die chemischen Reaktionen statt, bei denen Licht entsteht.

Darüber befindet sich eine dünne Schicht dunkler Zellen, die das Licht reflektieren, also spiegeln. Diese Schicht verstärkt die Wirkung der Licht erzeugenden Zellen.

Der Panzer, der den Käfer nach allen Seiten schützt, ist aus einem ähnlichen Material wie deine Fingernägel. Er ist hier durchsichtig, sodass das Licht ungehindert durch ihn hindurchscheint.

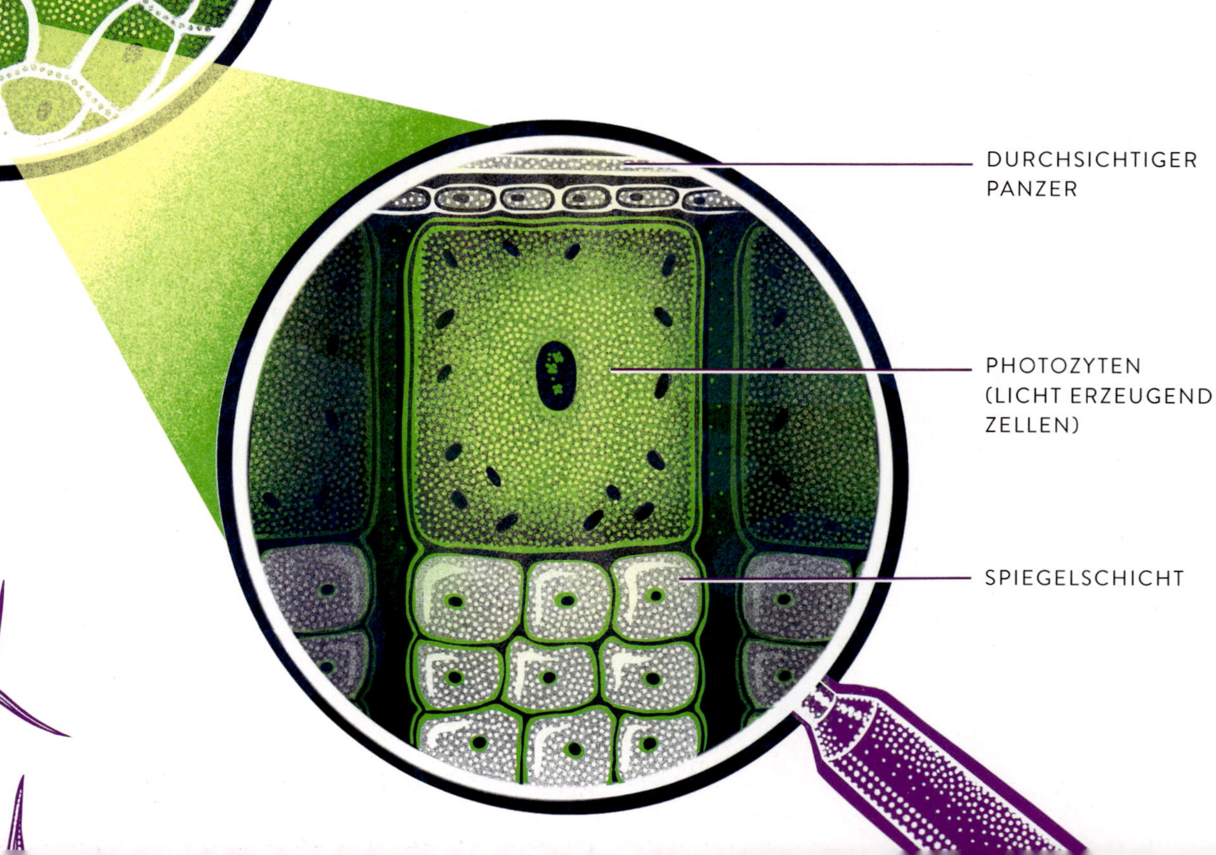

FISCHIGE PHOTOPHOREN

Das Leuchtorgan der Seefische heißt Photophore (übersetzt: »Lichtträger«). Die Photophore eines Laternenfischs besteht aus einer Vielzahl von Photozyten (Leuchtzellen). Häufig findet man der Photophore vorgelagert eine Linse, durch die das Licht nach außen gelenkt wird.

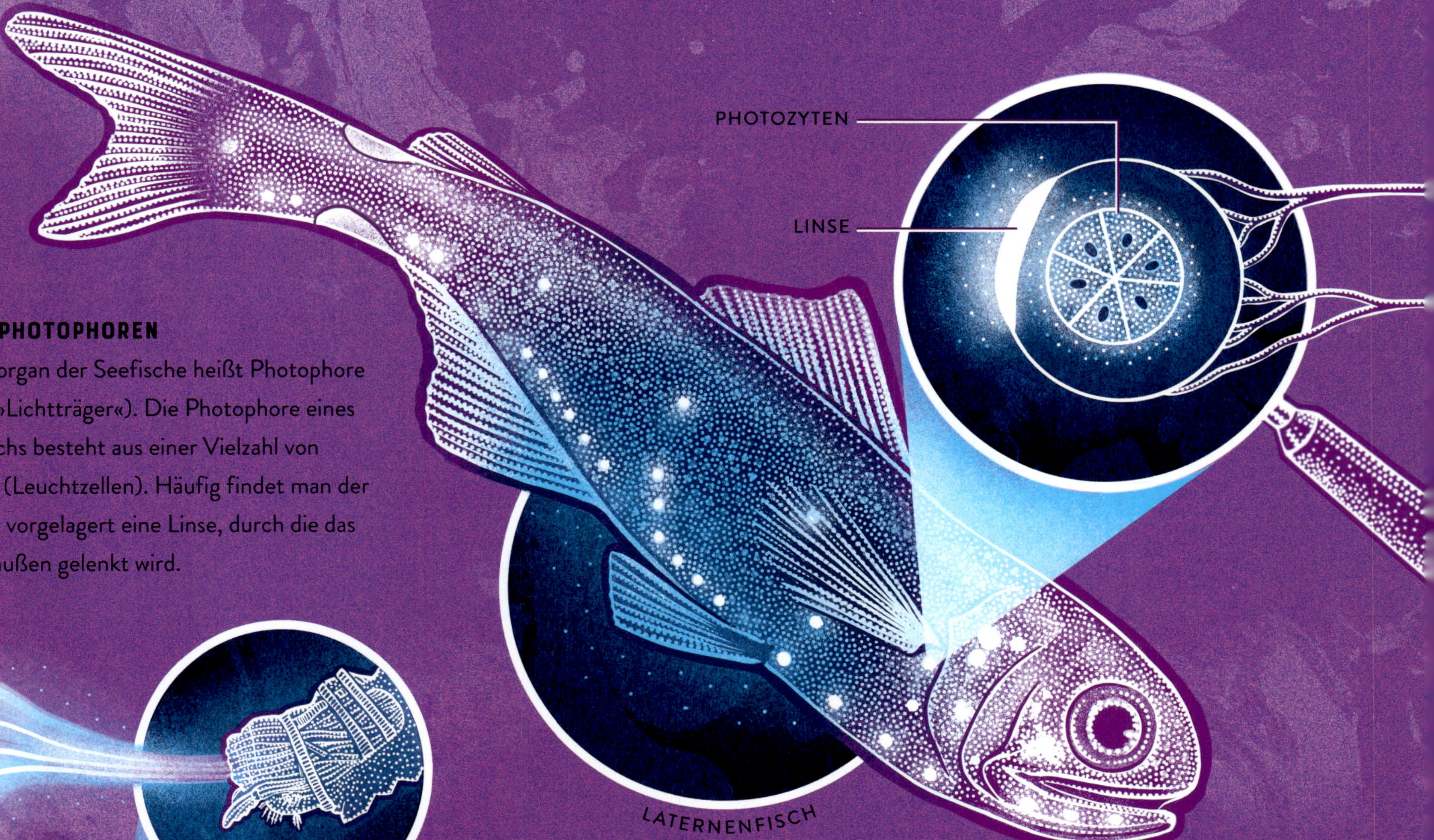

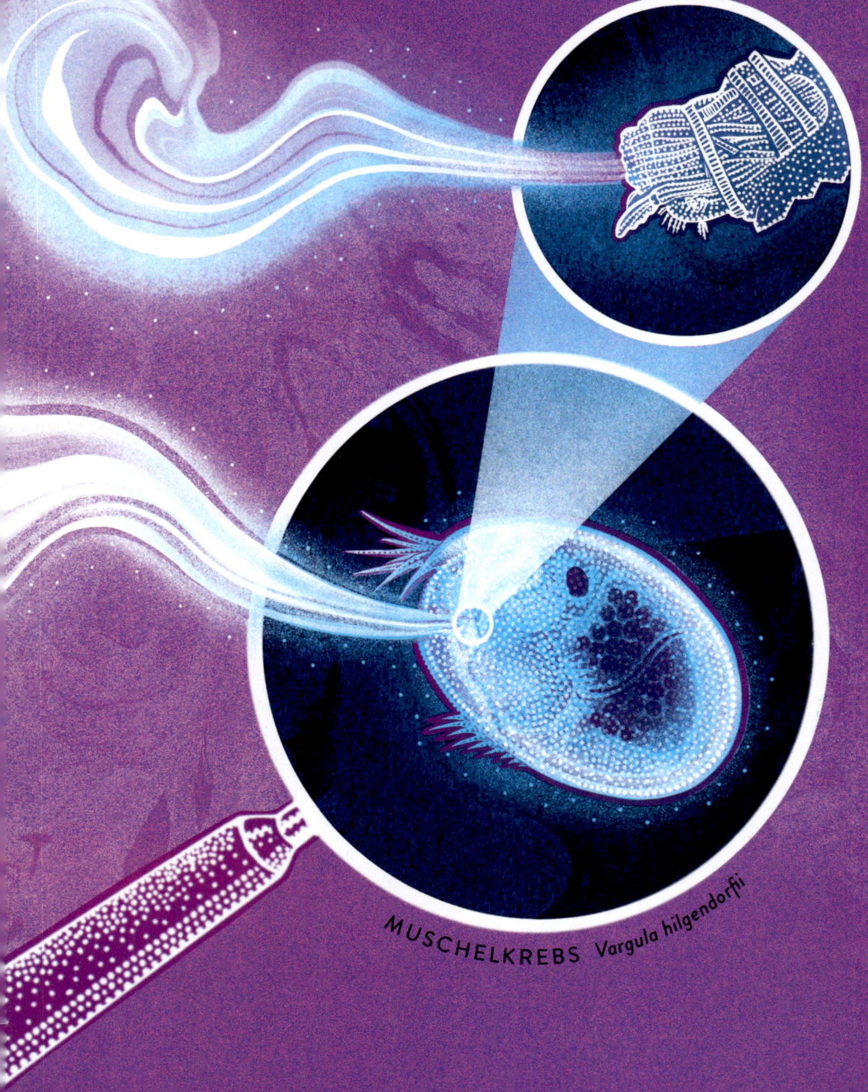

LEUCHTMATSCH

Der winzige Muschelkrebs *Vargula hilgendorfii*, auch Meeresglühwürmchen genannt, hat zwei Leuchtorgane. Jedes ist eine Drüse, die eine bestimmte Flüssigkeit ins Wasser ausstößt. Verbinden sie sich außerhalb des Tiers, findet eine chemische Reaktion statt, deren Ergebnis leuchtendes Schmadderzeug ist.

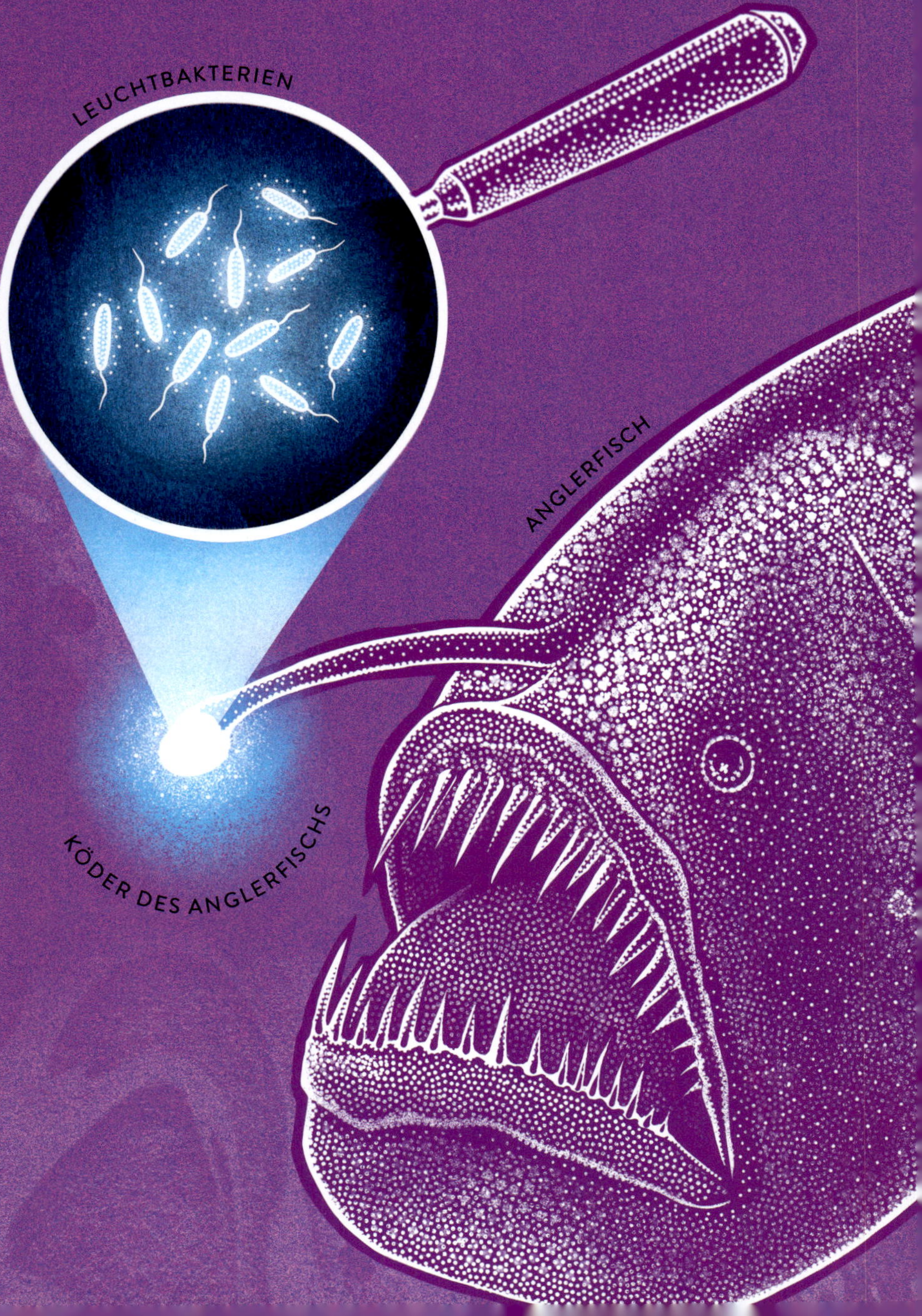

GEMEINSAM SIND WIR STARK

Nicht alle Leuchttiere erzeugen ihr Leuchten selbst. Der Anglerfisch bietet mit dem Köder an seiner Angel ein sehr gutes Zuhause für Leuchtbakterien. Er beherbergt die Bakterien nicht nur, sondern stellt ihnen auch Nährstoffe zur Verfügung. Als Gegenleistung erzeugen die Bakterien im Köder Licht. Eine solche Partnerschaft nennt man Symbiose.

TAUCHGANG IN DIE TIEFSEE

ALLES, WAS WIR ÜBER BIOLUMINESZENZ WISSEN, VERDANKEN WIR WISSENSCHAFTLICHER ARBEIT.

Manche Forschungsreisende nehmen große Gefahren auf sich, um dorthin vorzudringen, wo noch kein Mensch gewesen ist – in die Tiefsee! Wusstest du, dass nur ein winziger Teil der Weltmeere überhaupt erforscht ist?

DAS PROBLEM DES WASSERDRUCKS

Bist du schon mal an den Boden eines Schwimmbeckens getaucht? Hattest du ein Druckgefühl in den Ohren? Je tiefer du tauchst, desto mehr Wasser ist über dir und übt Druck auf deinen Körper aus. In der Dämmerzone und in der Mitternachtszone des Ozeans ist der Wasserdruck so hoch, dass der Mensch diesen Druck nicht mehr aushalten kann. Die Tiefsee lässt sich nur im Schutz spezieller, sehr stabiler Tauchgeräte erforschen. Es sind keine U-Boote, sondern Kapseln, die an langen Seilen von einem Schiff in die Tiefe gelassen werden.

FILMEN IN DER TIEFSEE

Dr. Widder (oben) hat die Tiefsee erforscht und ist Spezialistin für Biolumineszenz. Sie hat von Forschungsschiffen aus viele Tauchgänge in die Tiefsee unternommen und war die Erste, der es gelungen ist, einen lebenden Riesenkalmar zu filmen. Ihr Team hatte für diesen Zweck eine besondere Kamera gebastelt, die Tiefseeräuber nicht erschrecken, sondern anlocken sollte: Als Köder war außer der Kamera auch ein Ring aus blauen Lichtern in eine durchsichtige Kapsel eingebaut: Die Kapsel leuchtete also wie eine Leuchtqualle. Tatsächlich ließ sich ein gigantischer Riesenkalmar von dem Leuchten anlocken.

ARBEIT IN DEN LABOREN

Man muss nicht unbedingt ein guter Taucher sein, um die Biolumineszenz zu erforschen. Ein wichtiger Teil der Arbeit findet in Forschungslaboren statt. Dort wird untersucht, wie und warum sich das Leuchten ereignet und wie wir dieses Wissen anwenden können.

Der Biochemiker Dr. Chappelle (links) hat weitere Verwendungsmöglichkeiten für die Stoffe, mit denen das Leuchten erzeugt wird, gefunden. Er hat mit ihnen einen Test entwickelt, mit dem man feststellen kann, ob Wasser bestimmte Bakterien enthält. Dieser Test kann auch verwendet werden, um Leben auf anderen Planeten zu suchen.

DAS WISSEN BEWAHREN UND WEITERGEBEN

Museen sind wichtige Orte, um Wissen von einer Generation an die nächste weiterzugeben. In Naturkundemuseen werden auch viele Proben und Funde von Forschungsexpeditionen aufbewahrt und anderen Forschern zugänglich gemacht. Dr. Lowe (rechts) forscht über Korallen und Krebse und leitet eine Abteilung des Naturhistorischen Museums in London. Sie beschäftigt sich auch mit dem Beitrag afroamerikanischer Menschen zum naturgeschichtlichen Wissen der Menschheit.

FORSCHUNGSREISE AN LAND

Dr. Samantha Karunarathna (links) und sein Team entdeckten 2020 im indischen Bundesstaat Meghalaya den Leuchtpilz *Roridomyces phyllostachydis*. Diese Art war der Wissenschaft bis dahin völlig unbekannt gewesen – ja, der Wissenschaft, aber nicht den dort lebenden Menschen! Dr. Karunarathna stieß nur deswegen auf den Pilz, weil er die Anwohner eines großen Waldes gefragt hatte, ob ihnen irgendwelche Leuchtpilze bekannt seien. Die Antwort war Ja. Es stellte sich heraus, dass die Menschen Bambusäste, die mit diesem Pilz bedeckt sind, als Fackeln benutzen, um sich nachts im Wald zurechtzufinden.

DAS LEUCHTEN NUTZEN

IN DER BIOLUMINESZENZ STECKEN SO VIELE ANWENDUNGSMÖGLICHKEITEN,
zum Beispiel in der Technik oder in der Medizin. Wissenschaftler können die Gene, in denen das Leuchten festgelegt ist, bearbeiten und sie auf unterschiedliche Weise nutzbar machen.

WAS SIND GENE?

Gene sind Erbanlagen. Alle Lebewesen sind so, wie sie sind, weil das in ihren Genen so festgelegt ist. Die Gene sind so etwas wie ein Bauplan für den Körper und wie er wachsen und sich im Lauf der Zeit verändern wird.

Gene werden von den Eltern an ihre Kinder weitergegeben. Wenn du mit deinen Eltern blutsverwandt bist, wirst du ihnen wahrscheinlich ähnlich sehen. Vielleicht hast du so braune Augen wie deine Mutter oder so schwarzes Haar wie dein Vater.

Die Fähigkeit zu leuchten wird auch durch Gene weitergegeben. Wissenschaftler haben bereits herausgefunden, wie sie die Gene, die für das Leuchten verantwortlich sind, heraustrennen und anderen Lebewesen einpflanzen können. Das klingt vielleicht nach Science-Fiction, aber genetische Forschung leistet sehr viel, um Leben zu schützen, und könnte in der Zukunft noch wichtiger werden.

NACHHALTIGE STRASSENBELEUCHTUNG

2020 gelang es Forschern, mit den Genen von Leuchtpilzen leuchtende Pflanzen zu erschaffen. Biolumineszenz als supersparsame Lichtquelle: Wäre das eine Lösung für die Beleuchtung unserer Straßen und Parks?

GENETISCHE LEUCHTGESTALTEN

Die Leuchtqualle *Aequorea victoria* ist sowohl biolumineszent als auch fluoreszent. Sie hat am Rand ihres Schirms blaue Leuchtpunkte und zusätzlich die Eigenschaft, blaues Licht oder Sonnenlicht, das auf sie trifft, in grünes zu verwandeln. So kann sie die Farbe ihres Leuchtens von Blau zu Grün verändern.

Es ist bereits gelungen, die Gene, die das grüne Leuchten festlegen, in den Bauplan anderer Lebewesen einzufügen.

Bastelte man dieses Gen zum Beispiel in das Fell-Gen eines Säugetiers ein, würde das Fell des Tiers im Sonnenlicht grün leuchten. Stell dir vor, wie eure Katze mit dem Gen aussehen würde!

Eine andere Quelle für Leuchtgene sind Korallen. Auch Korallen fluoreszieren und weisen eine große Farbvielfalt auf.

DR. SIOUXSIE WILES Gründerin des »Bioluminescent Superbugs«-Labors

DIE SUCHE NACH HEILMITTELN

Dr. Wiles ist die Gründerin eines Forschungslabors, das die Biolumineszenz nutzt. Sie und ihr Team suchen nach Wirkstoffen gegen ansteckende Krankheiten. Dabei gehen die Forscher so vor: Zuerst pflanzen sie den krankheitsverursachenden Bakterien Leuchtgene ein. Die Bakterien leuchten dann, solange sie leben, und erlöschen, wenn sie tot sind. Im nächsten Schritt testen die Forscher verschiedene Wirkstoffe aus. Wenn die Bakterien aufhören zu leuchten, sehen die Forscher sofort, dass das Medikament gewirkt hat! Der Einsatz des Leuchtgens hat die Versuchsreihen enorm beschleunigt. Das Verfahren wird auch in der Krebsforschung und bei der Erforschung der Alzheimer-Krankheit eingesetzt.

LEUCHTBAKTERIEN TESTEN DIE SAUBERKEIT

Bakterien können auch dafür eingesetzt werden, um die Verschmutzung von Wasser anzuzeigen. Die Forscher bringen den Schlamm eines Flussbetts ins Labor und versetzen ihn mit Leuchtbakterien. Wenn der Schlamm mit giftigen Stoffen belastet ist, sterben die Leuchtbakterien. Je schneller ihr Leuchten verblasst oder erlischt, desto mehr giftige Stoffe enthält der Schlamm des Flusses.

DAS REZEPT FÜR LICHT

EIN BISSCHEN DIES, EIN BISSCHEN DAS ... BUMM!

Biolumineszenz entsteht durch eine chemische Reaktion. Damit sie stattfindet, brauchst du die richtigen Stoffe und das richtige Rezept. Hier findest du das Rezept des Meeresglühwürmchens.

DAS MEERESGLÜHWÜRMCHEN

DIE GLOW-SHOW

Der Muschelkrebs *Vargula hilgendorfii* wird wegen seines beeindruckenden Leuchtens auch Meeresglühwürmchen genannt. Er ist etwa so groß wie ein Sesamsamen und lebt an der Küste Japans. Die Tiere leuchten auf, wenn sie einen Partner suchen oder wenn sie aufgestört werden, und erzeugen dabei wunderschöne Leuchtmuster auf dem Wasser. Und wie machen die Muschelkrebse das nun ganz genau? Mit Chemie!

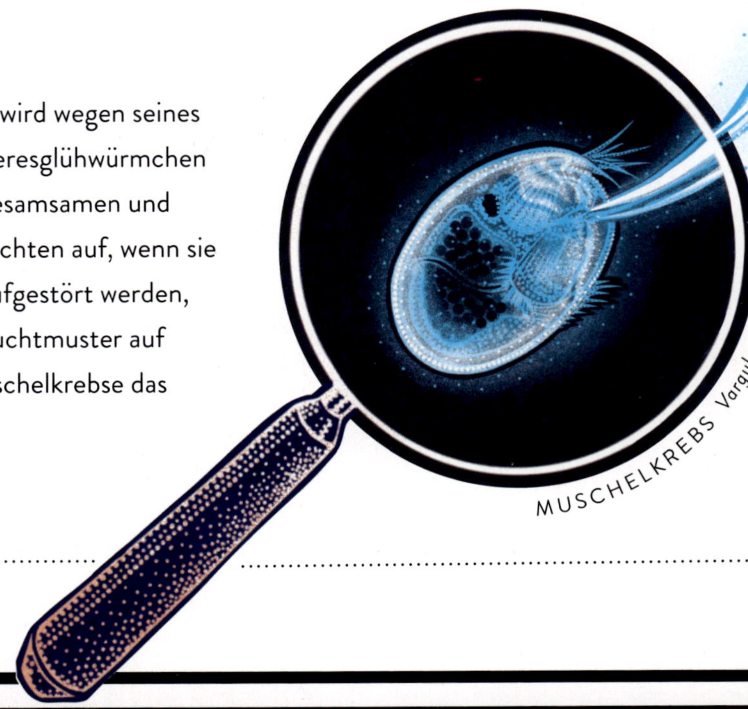

MUSCHELKREBS *Vargula hilgendorfii*

DIE ZUTATEN

Der Muschelkrebs braucht für sein Leuchten zwei Zutaten, die sehr ähnlich klingen: Luciferin und Luciferase. Beide erzeugt er in seinem Körper. Außerdem wird für die chemische Reaktion noch Sauerstoff benötigt, das sich im Meerwasser befindet.

DIE METHODE

Wie bei allen Rezepten müssen die Zutaten irgendwie miteinander vermengt werden. Der Muschelkrebs macht das so: Er drückt das Luciferin aus einer Drüse seitlich an seinem Körper, aus einer anderen Drüse die Luciferase. Gelangen die Stoffe gleichzeitig ins Wasser, reagieren sie mit dem dort vorhandenen Sauerstoff.

DAS ERGEBNIS

Die Luciferase bewirkt, dass sich Luciferin und Sauerstoff verbinden – ähnlich wie Eier das Mehl und den Zucker in einem Kuchenteig miteinander verbinden. Dabei entsteht ein neuer Stoff, das Oxyluciferin. Es enthält so viel Energie, dass es sofort etwas davon abgeben muss, und zwar in Form von Licht.

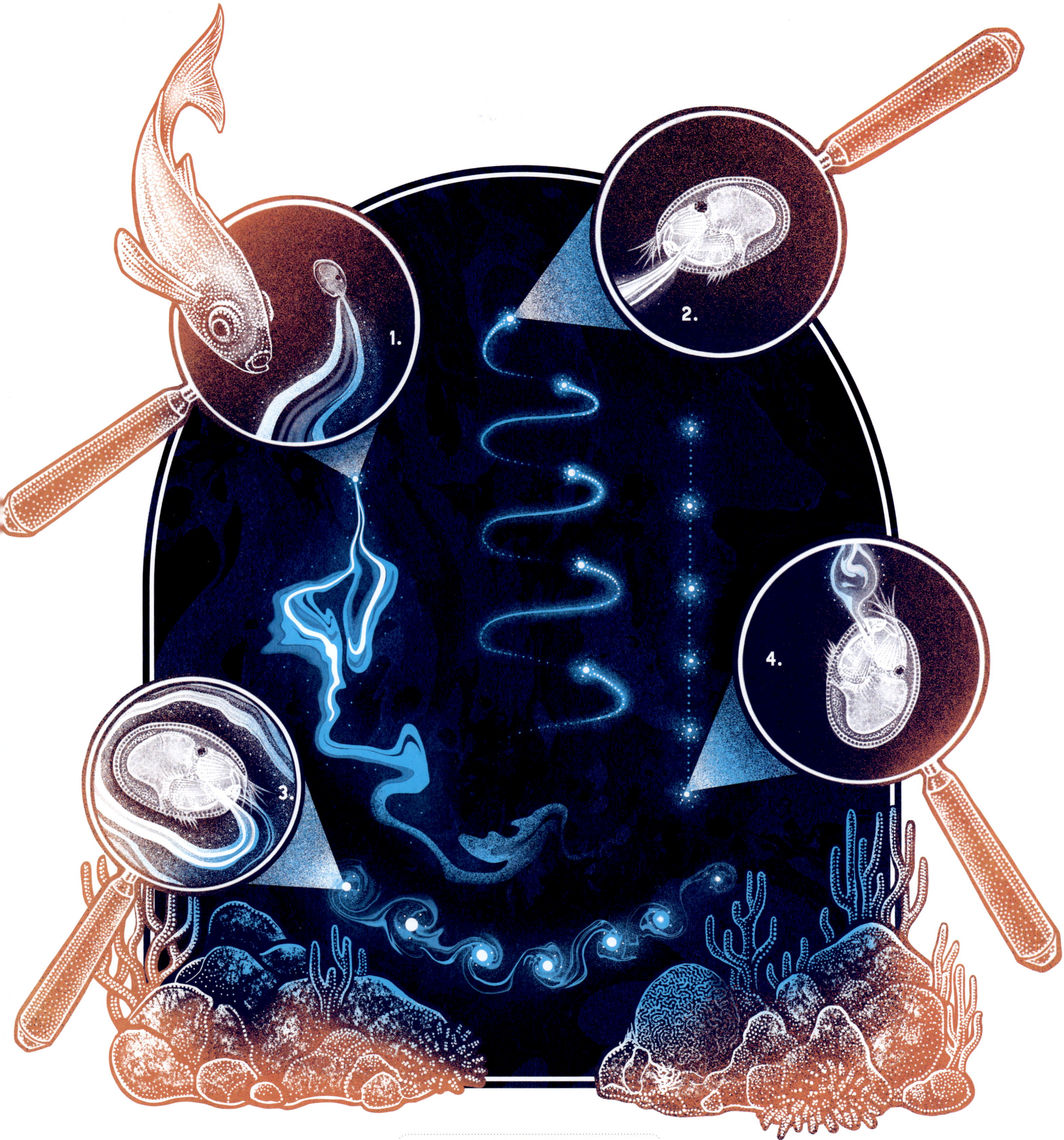

ABBILDUNGEN

MEERESGLÜHWÜRMCHEN HABEN GANZ UNTERSCHIEDLICHE LEUCHTMUSTER.

1. VIELE ARTEN SETZEN IHR LEUCHTEN EIN, UM VERFOLGER ABZUHÄNGEN. ANDERE LOCKEN MIT ÄHNLICH GESCHWUNGENEN LEUCHTSCHLEIFEN EINEN PARTNER AN.

2. *PHOTEROS-ANNECOHENAE*-MÄNNCHEN SENDEN GRELLE, NACH OBEN ZÜNGELNDE BLITZE AUS, UM WEIBCHEN AUF SICH AUFMERKSAM ZU MACHEN.

3. *MARISTELLA CHICOI* ERZEUGT EINE SPUR AUS SEITLICH NEBENEINANDERLIEGENDEN LICHTWIRBELN.

4. *PHOTEROS MORINI* SCHICKT SEINE LEUCHTBLITZE NACH UNTEN.

EINE STRAHLENDE ZUKUNFT

DAS NATÜRLICHE LEUCHTEN IST ERSTAUNLICH UND WUNDERBAR.

Doch auch Leuchtlebewesen müssen große Herausforderungen bewältigen. Unsere Erde erwärmt sich, was alle Lebensräume verändert. Es ist wichtig, dass wir alle zuversichtlich bleiben und uns für eine gute Zukunft einsetzen.

VERBREITE DIE WUNDER DER NATUR

Beobachte die Natur und lerne sie besser kennen. Wenn du etwas Tolles gesehen hast, erzähle es weiter. Dadurch wird auch anderen bewusst, dass die Natur unseren Schutz verdient.

Du musst kein Wissenschaftler sein, um aktiv zu werden. Schließ dich einer Gruppe an, die die Glühwürmchen in deiner Umgebung zählt. Oder gründe selbst eine Gruppe. Durch genaue Beobachtungen entsteht viel Wissen über Pflanzen, Tiere und Lebensräume.

ERFORSCHE DIE NATUR

MACH BEI EINER STERNZÄHLUNG MIT

MACH DAS LICHT AUS

Hast du schon mal von Lichtverschmutzung gehört? Künstliches Licht stört Glühwürmchen, viele weitere Insekten und auch andere Tiere. Dagegen lässt sich ganz leicht etwas machen: Schalte einfach alle Lichter aus, die du nicht brauchst. Wenn nachts weniger Licht brennt, kommen nachtaktive Tiere viel besser zurecht. Du könntest auch an die Stadtverwaltung schreiben und fragen, was sie gegen die Lichtverschmutzung tut.

In manchen Städten werden einmal im Jahr die Sterne gezählt. Je dunkler der Nachthimmel und je sauberer die Luft ist, desto mehr Sterne kann man sehen.

SETZE DICH FÜR DEN SCHUTZ DER MEERE EIN

Die Ozeane werden von uns Menschen zu stark befischt und außerdem mit Plastikmüll und anderem Müll verschmutzt. Durch den Klimawandel werden die Korallenriffe geschädigt; die Korallen bleichen aus. Es gibt so viele Probleme, die wir verschuldet haben. Wir können aber auch etwas tun: Wir können erneuerbare Energien ausbauen und nutzen. Dem Meer hilft es auch, wenn wir weniger Fisch essen, Energie sparen und weniger Plastik verwenden.

EINE DEMO FÜR DEN SCHUTZ DER MEERE

EIN LEUCHTENDER ERFOLG

Glühwürmchen sind in Japan so beliebt, dass sie früher auf dem Land oft eingesammelt und an Leute in der Stadt verkauft oder verschenkt wurden. Die Glühwürmchen überlebten das nicht lange, denn sie brauchen ihren natürlichen Lebensraum am Wasser. Zur gleichen Zeit nahm die Verschmutzung der Flüsse stark zu. Um 1920 gab es in Japan kaum noch Glühwürmchen.

Doch zum Glück gab es einen Insektenforscher, Kiichiro Minami, der das Leben der Glühwürmchen erforschte. Er entdeckte, wie man Glühwürmchen in Gefangenschaft halten und vermehren kann. Viele Menschen auf dem Land beteiligten sich daran, die Flüsse zu säubern, sodass die Glühwürmchen dort wieder einen guten Lebensraum fanden. Die japanische Regierung verbot das Sammeln und den Verkauf von Glühwürmchen. Der Glühwürmchenbestand erholte sich.

Das Beispiel dieser Glühwürmchen zeigt, dass gemeinsam sehr viel bewirkt werden kann.

DAS LEUCHTEN DURCH DIE ZEIT

DIE BIOLUMINESZENZ IST TEIL DER GESCHICHTE DER MENSCHHEIT.
Aber schon lange bevor es Menschen gab, lebten auf der Erde leuchtende Tiere und andere Lebewesen.

DAS ERSTE GLÜHWÜRMCHEN IN EINEM TEXT
UM 1500–1000 V. CHR.

Der älteste Text, in dem Leuchtlebewesen erwähnt werden, ist ein sehr altes chinesisches Gedicht. Vermutlich sind darin Glühwürmchen gemeint.

GLÜHWÜRMCHEN UND DINOSAURIER
KREIDEZEIT
144–65 MILLIONEN JAHRE V. CHR.

2021 wurde in Myanmar, eingeschlossenen in einem Bernstein, ein Vorfahre des Glühwürmchens gefunden. Dieses Fossil beweist, dass es bereits in der Kreidezeit Leuchtkäfer gegeben hat. Sie lebten zur Zeit der Dinosaurier! Zur gleichen Zeit gab es auch schon leuchtende Fische. Die ältesten von ihnen waren wahrscheinlich Vorfahren des Drachenfischs.

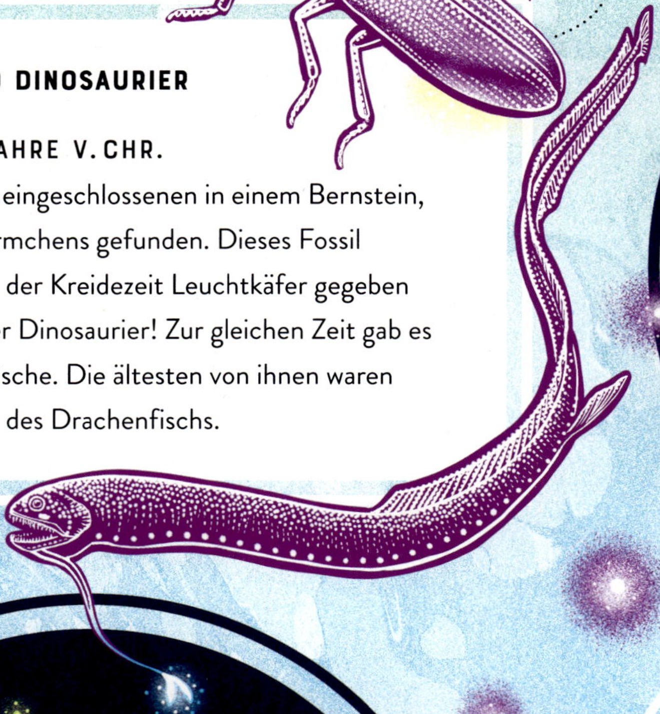

LEUCHTKÄFER-SAGEN

Um Glühwürmchen ranken sich manche Geschichten, die sich unsere Vorfahren am Lagerfeuer erzählt haben. In der japanischen Sagenwelt sind die Glühwürmchen – *hotaru* genannt – die Seelen gefallener Krieger.

Auch in den Sagen der Ureinwohner Amerikas kommen Glühwürmchen vor. Die Apachen erzählten sich, das Feuer habe ursprünglich nur den Glühwürmchen gehört. Dann stahl es sich ein schlauer Fuchs und verbreitete es über das ganze Land.

GLÜHENDE GRIECHEN
UM 550–300 V. CHR.

Der griechische Gelehrte Anaximenes beschrieb als Erster das Meeresleuchten. Fischer beobachteten es in der Nacht, wenn ihre Ruder durch das Wasser schnitten. Sie hielten das Leuchten für die Spuren von Poseidons Wagen. Die alten Griechen glaubten an den Meeresgott Poseidon, der mit einem von Pferden mit Fischschwänzen gezogenen Wagen durch das Wasser fuhr.

Aristoteles, ein anderer griechischer Gelehrter, beschrieb das Leuchten in verrottendem Holz und beschäftigte sich ebenfalls mit dem Meeresleuchten. Er nannte es »kaltes Licht«, nachdem er beobachtet hatte, dass es anders als Feuer keinerlei Wärme abgibt.

RASENDE RÖMER
UM 50 N. CHR.

Plinius der Ältere beschrieb in seinem großen Naturkundelexikon *Naturalis Historia* so einige Leuchtlebewesen. Er kam auf die Idee, Leuchtquallen auf seinem Gehstock zu verreiben, um ihn als Fackel zu verwenden!

Er erwähnte auch eine Muschel, die blau leuchtenden Schleim abgibt, wenn man in sie hineinbeißt. Diesen Effekt fanden die Römer, bei denen stundenlange Festgelage sehr beliebt waren, einfach großartig: Das blaue Schmadderzeug landete überall, wenn die Muscheln abends aufgetischt wurden.

HERRLICHE HANDSCHRIFTEN
UM 500–1500 N. CHR.

Im Mittelalter gab es noch keine gedruckten Bücher. Jedes einzelne Buch wurde von Mönchen kunstvoll mit der Hand geschrieben und mit farbigen Bildern verziert. Die Mönche malten und beschrieben in diesen Handschriften auch Tiere. Dabei spielte es für sie keine Rolle, ob es echte Tiere oder Fabelwesen waren.

Der Gelehrte Albertus Magnus beschrieb in seinem Werk *De animalibus* auch einige leuchtende Tierarten, die bis dahin unbekannt gewesen waren.

DAS ZEITALTER DER WISSENSCHAFT
UM 1500–1700

Nach dem Mittelalter erlebte die Wissenschaft einen Aufschwung. Nicht nur in den Klöstern gab es gelehrte Menschen, sondern auch an den Universitäten. Viele Denker dieser Zeit entwickelten Ideen über die Biolumineszenz. Manche führten sie auf elektrisches Feuer zurück!

Nachdem das Mikroskop erfunden worden war, bestätigte sich die Vermutung, dass winzige Lebewesen das Meeresleuchten verursachen.

LICHT FÜR DEN WEG **VOR 1815**

Vor der Erfindung der Grubenlampe nahmen englische Bergleute manchmal Glühwürmchen und silbrige Fischhäute als behelfsmäßige Beleuchtung mit in die Tiefe. Kerzen wären zu gefährlich gewesen, da es im Bergwerk Gase gibt, die leicht Feuer fangen.

LEUCHTENDE WUNDEN
1862

Im Amerikanischen Bürgerkrieg gab es nach einer Schlacht Verwundete, deren Verletzungen leuchteten. Als wäre das nicht schon merkwürdig genug, schienen die leuchtenden Wunden besonders gut zu heilen.

139 Jahre später, im Jahr 2001, besuchte der 17-jährige Schüler Bill Martin das frühere Schlachtfeld. Er überlegte, ob die leuchtenden Wunden möglicherweise durch Bakterien verursacht worden waren. Dank der gemeinschaftlichen Forschungsarbeit von Bill und seinem Freund Jon Curtis gibt es nun Belege dafür, dass ein Bakterium mit Namen *Photorhabdus luminescens* der Verursacher war. Das Bakterium scheidet einen Stoff aus, der andere Bakterien tötet und somit verhindert, dass sich die Wunde entzündet. Bill und Jon gewannen für ihre Entdeckung einen Preis auf einer internationalen Wissenschaftsmesse!

EIN BIOCHEMISCHER DURCHBRUCH
1885
Raphaël Dubois entdeckte die beiden chemischen Stoffe, die gemeinsam das Leuchten hervorbringen. Er nannte sie Luciferin und Luciferase.

DER ERSTE WELTKRIEG
1914–1918
Soldaten im Schützengraben studierten die Landkarte manchmal mithilfe von Glühwürmchen. Ihr Licht war unauffällig.

Einem deutschen U-Boot wurde die Biolumineszenz allerdings zum Verhängnis: Es war mit leuchtendem Plankton bedeckt, das so hell leuchtete, dass es die Position des U-Boots verriet. Die britische Marine versenkte das U-Boot.

DER ERSTE TAUCHGANG IN DIE TIEFSEE
1930
Otis Barton und Will Beebe waren die ersten Menschen, die in einer stählernen Tauchkapsel, der Bathysphäre, in die Tiefsee vordrangen. Mithilfe einer Telefonverbindung beschrieben sie, was sie dort unten sahen. Eine wissenschaftliche Zeichnerin, Else Bostelmann, fertigte nach diesen Beschreibungen Bilder der merkwürdigen und bis dahin unbekannten Lebewesen der Tiefsee an.

DER ZWEITE WELTKRIEG
1939–1945
Japanische Soldaten sollen getrocknete Glühwürmchen als Beleuchtung verwendet haben. In Wasser aufgelöst, gaben sie ein spärliches Licht ab, das es erlaubte, nachts die Landkarte zu lesen, ohne dass der Feind es bemerkte.

DIE GESCHICHTE GEHT WEITER ...
In den letzten Jahrzehnten hat sich unser Verständnis der Biolumineszenz sehr erweitert. Aber es gibt noch immer viel zu erforschen!

EINE WELTKARTE DER BIOLUMINESZENZ

ÜBERALL AUF DER WELT KOMMT DAS NATÜRLICHE LEUCHTEN VOR. HIER FINDEST DU EINIGE BEISPIELE – VIELLEICHT AUCH IN DEINER NÄHE?

LEUCHTENDE TAUSENDFÜSSER

Im Sierra-Nevada-Gebirge in den USA lebt der Tausendfüßer *Motyxia bistipita*, der ein blau-grünliches Leuchten ausstrahlt. Damit warnen die Tiere ihre Fressfeinde vor einem tödlichen Gift, dem Zyanid, auch Blausäure genannt.

DER AMAZONAS-REGENWALD

Hier leben faszinierende Arten, die es nirgends sonst auf der Welt gibt, darunter auch leuchtende Pilze und Insekten: Der Schnellkäfer *Pyrearinus termitilluminans* vergräbt sich in Termitenhügeln und lockt mit seinem Leuchten Ameisen und Termiten an. Der Federleuchtkäfer wird auch Eisenbahn-Glühwürmchen genannt – die Reihe von grünlichen Leuchtflecken erinnert an die Fenster eines Zuges bei Nacht. Am Kopf leuchten diese Käfer sogar rot!

MEERESLEUCHTEN IN EUROPA

Gerade in den Ländern, die keine langen warmen Sommer haben, ist das Meeresleuchten selten zu erleben. Unter günstigen Bedingungen kann es sich aber auch in Europa ereignen, in Frankreich und Spanien, aber auch in England und Schweden – überall!

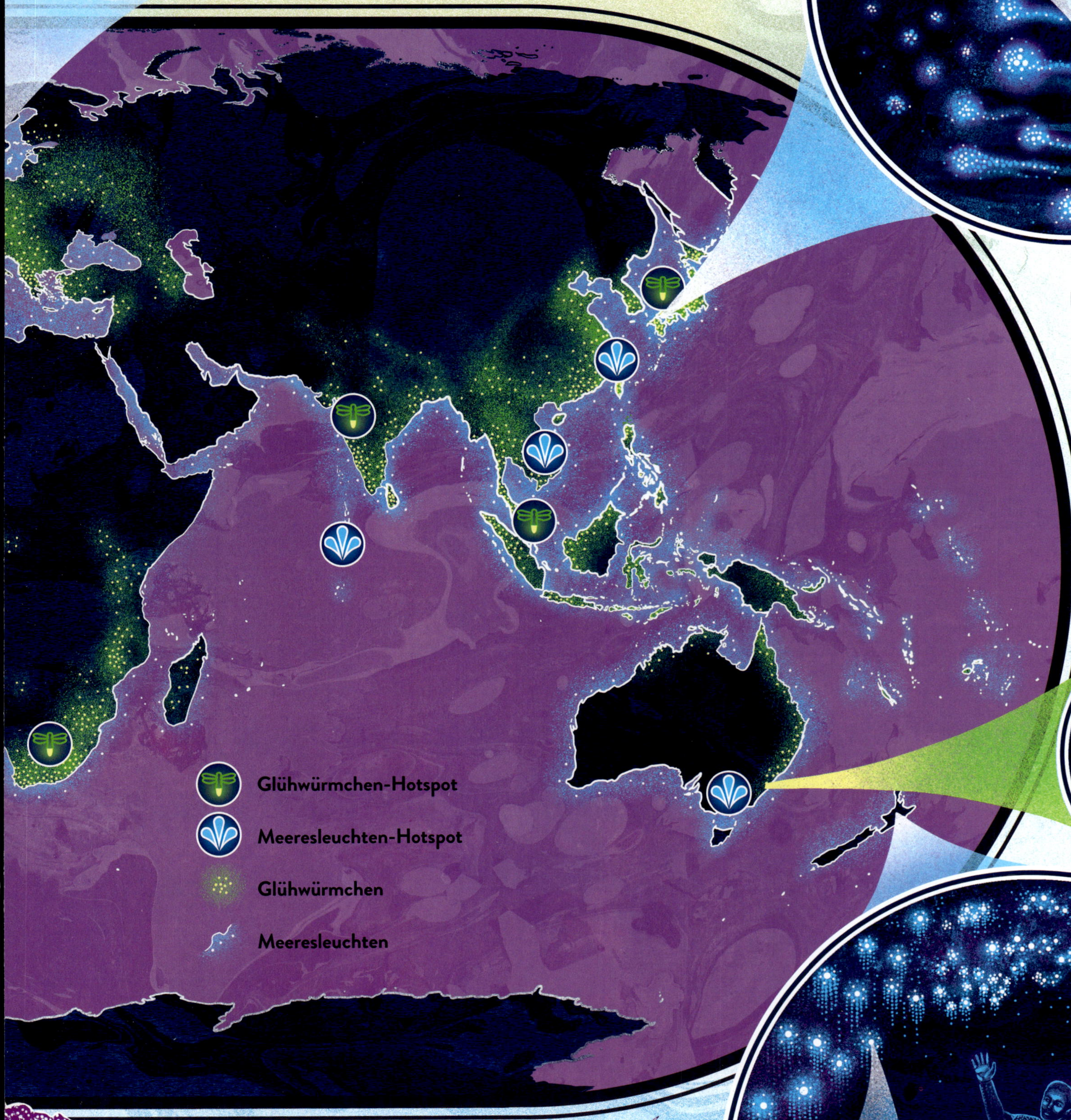

BUCHT VON TOYAMA

An dieser japanischen Steilküste gibt es faszinierende Leuchtspektakel! Hervorgerufen wird die Light-Show durch Glühwürmchen-Tintenfische, die in großen Massen aus der Dämmerzone des Meeres aufsteigen, um in Ufernähe ihre Eier abzulegen.

WAITOMO GLÜHWÜRMCHEN-HÖHLEN

Durch diese Höhlen in Neuseeland kannst du mit dem Boot fahren. Die Höhlendecke über deinem Kopf glitzert dann wie ein Sternenhimmel. Das liegt an den Tausenden leuchtender Larven der Langhornmücke *Arachnocampa luminosa*, die an der Decke sitzen und darauf warten, dass sich Insekten in ihren klebrigen Seidenfäden verfangen. Und dann – happs!

FACHWÖRTER

Art Tiere einer Art sind eng verwandt und können sich untereinander fortpflanzen, also Junge bekommen.

Beute Ein Tier, das von einem anderen Tier gefressen wird, ist dessen Beute.

Biofluoreszenz Eine Art von natürlichem Leuchten, bei dem die Oberfläche eines Lebewesens Sonnenlicht aufnimmt und gleich wieder abgibt. Wenn die Sonne nicht scheint, erlischt auch das Leuchten.

Biolumineszenz Die Fähigkeit eines Lebewesens, Licht zu erzeugen. Viele Lebewesen in der Tiefsee, wo es vollkommen dunkel ist, sind biolumineszent, können also selbst leuchten. Entweder sie tun das mit eigenen Leuchtorganen, oder sie lassen Leuchtbakterien in ihrem Körper oder auf ihrer Haut leben, die das Leuchten übernehmen.

chemische Reaktion Wenn zwei Stoffe oder mehr zusammentreffen und sich dabei verändern, reagieren sie miteinander. Zum Beispiel verbinden sich die Teilchen der Seife im Spülmittel mit den Fettteilchen in der Bratpfanne, sodass die Pfanne mit Spülmittel viel leichter gesäubert werden kann.

Dämmerzone Diese Zone des Ozeans liegt zwischen 200 und 1000 Meter Tiefe unter dem Meeresspiegel. Nur wenig Licht dringt in sie ein.

Dinoflagellaten Winzige Wasserbewohner, deren Körper meist nur aus einer einzigen Zelle besteht. Einige Dinoflagellaten leuchten, wenn sie einen Reiz verspüren, zum Beispiel wenn sich das Wasser stark bewegt.

Drüse Ein Organ im Körper, das eine bestimmte Flüssigkeit herstellt und absondert. Beim Menschen sondern zum Beispiel Schweißdrüsen Schweiß ab. Die Bauchspeicheldrüse gibt Verdauungssaft in den Darm ab.

erneuerbare Energie Energie aus Quellen, die nicht versiegen, zum Beispiel aus der Sonne, aus dem Wind oder aus fließendem Wasser. Die Sonne hört nicht auf zu scheinen und auch Wind und Wasser gehen nie aus.

Fruchtkörper Der Teil des Pilzes, der im Wald oder auf der Wiese aus dem Boden ragt, bestehend aus Hut und Stiel.

Gegenbeleuchtung Tarnung durch Leuchten. Vor einem sehr hellen Hintergrund fällt ein leuchtendes Tier am wenigsten auf.

Gegenschatten Tarnung durch Helligkeit. Viele Fische haben einen hellen Bauch, wodurch sie von unten leicht übersehen werden.

Gen Ein Bausatz mit Anweisungen in einem jeden Zellkern. Die Gene legen für das Lebewesen fest, wie jede Zelle wächst und wie sie sich verhält.

Insekten sind wirbellose Tiere, deren Körper in Kopf, Brust und Hinterleib gegliedert ist. Sie haben sechs Beine und durchlaufen in ihrem Leben verschiedene Stadien, vom Ei über die Larve zum fertigen Insekt.

Klimawandel Verursacht durch den Menschen, erwärmt sich das Klima der Erde. Das spüren alle Lebewesen.

Kohlendioxid Ein Gas, das in der Atmosphäre der Erde natürlicherweise vorkommt. Durch die Verbrennung von Kohle, Öl und Gas entsteht sehr viel Kohlendioxid, was die Umwelt schädigt.

Korallenbleiche Korallen sind große Ansammlungen wirbelloser Tiere, die auf dem Meeresboden leben. Korallen können krank werden. Sie sind empfindlich gegen Wasserverschmutzung und zu große Wärme. Dann verlieren sie ihre prachtvollen Farben – sie bleichen aus.

Krebstiere haben keine Knochen, sondern einen Panzer, der den Körper schützend umgibt. Ihr Körper und auch die Beine sind gegliedert. Zu ihnen zählen die Krebse, Krabben und Hummer.

Laichen Fische und Frösche laichen, das heißt, sie legen ihre Eier im Wasser ab.

Larve Eine Entwicklungsstufe bei Insekten. Aus dem Insektenei schlüpft eine Larve, die häufig wie ein Würmchen aussieht. Erst später entwickelt sie sich weiter zu einem fertigen Insekt.

Leuchtorgan Der Körperteil eines Leuchttieres, der das Leuchten erzeugt. Auch Photophore genannt.

Lichtverschmutzung Genauso wie die Luft mit Ruß und Qualm verschmutzt werden kann, so kann sie auch durch Licht verschmutzt werden. Durch Licht fühlen sich viele nachtaktive Tiere gestört. Bei Lichtverschmutzung sind weniger Sterne am Himmel zu sehen.

Luciferase Luciferin und Luciferase werden in zwei verschiedenen Drüsen im Körper von Leuchttieren hergestellt. Die Luciferase bringt das Luciferin dazu, sich mit Sauerstoff zu verbinden und Licht zu erzeugen. Bei der chemischen Reaktion verändert sich die Luciferase selbst nicht.

Luciferin Dieser besondere Stoff wird bei Leuchttieren in einer Drüse hergestellt. Von Luciferase angeregt, reagiert er mit Sauerstoff und gibt dabei Licht ab.

Lumineszenz Leuchten, das nicht von Wärme begleitet ist.

Mitternachtszone Ein anderer Name für die Tiefsee, also den Bereich des Ozeans, der mehr als 1000 Meter unter dem Meeresspiegel liegt.

Myzel Geflecht von Pilzzellen, das im Boden wächst, aber auch in die Fruchtkörper der Pilze hinein, wo es Hyphen genannt wird.

nachtaktiv Viele Tiere schlafen tagsüber und wachen erst in der Dämmerung auf. Nachts sind sie wach und begeben sich auf Nahrungssuche. Viele biolumineszierende Tiere sind nachtaktiv.

Oxyluciferin Bei der Reaktion von Luciferin und Sauerstoff entstehen Oxyluciferin und Licht.

Phosphoreszenz Manche Leuchttiere nehmen das Sonnenlicht mit ihrer Körperoberfläche auf und speichern es, bevor sie es in veränderter Form wieder abgeben. Sie phosphoreszieren. Das heißt, sie können auch dann noch Licht abgeben, wenn die Sonne nicht mehr scheint.

Photophore Das Organ eines Lebewesens, in dem das Leuchten erzeugt wird. Es besteht aus Photozyten (Leuchtzellen).

Photozyten Zellen, die Licht erzeugen.

Pilze sind ganz besondere Lebewesen, die zwischen den Pflanzen und den Tieren stehen. Sie wachsen wie die Pflanzen im Boden, ernähren sich aber eher wie Tiere, weil sie Stoffe aus der Umgebung aufnehmen. Pflanzen dagegen stellen ihre Nahrung selbst her.

Sauerstoff Ein Gas, das natürlicherweise sowohl in der Luft als auch im Wasser vorkommt und ohne das wir nicht leben können.

Säugetiere Eine Klasse der Wirbeltiere. Alle Tiere dieser Gruppe säugen ihre Jungen mit Muttermilch, haben Haare und eine warme Körpertemperatur.

Schwarm Eine große Gruppe von Tieren, zum Beispiel von Insekten, Fischen oder Vögeln, die zusammenleben.

Sonnenlichtzone Der obere Bereich des Ozeans, der vom Sonnenlicht erhellt wird. Er reicht bis zu einer Tiefe von etwa 200 Metern unter dem Meeresspiegel.

Sternzählung Mit einer Sternzählung kann man die Sauberkeit der Luft prüfen. In einer klaren Nacht, also wenn keine Wolken am Himmel stehen, werden alle Sterne gezählt, die man mit bloßem Auge erkennen kann. Je mehr es sind, desto klarer ist die Luft.

Symbiose Ein Zusammenleben zweier verschiedener Lebewesen, das beiden nutzt. Zum Beispiel lebt der Clownfisch in der Seeanemone. Davon haben beide etwas, denn der Clownfisch kann sich in der Seeanemone sehr gut vor seinen Feinden verstecken. Zugleich vertreibt er die Tiere, die sonst die Anemone fressen würden.

tagaktiv Tiere, die tagsüber wach sind und nachts schlafen, nennt man tagaktiv.

Tarnung Tiere fügen sich oft unauffällig in ihre Umgebung ein. Diese Tarnung hilft ihnen dabei, sich vor ihren Fressfeinden zu verbergen oder sich ihren Beutetieren unauffällig nähern zu können.

Termiten Insekten, die wie Ameisen in großen Staaten in selbstgebauten Behausungen zusammenleben.

Wasserdruck Wenn man taucht, spürt man schon in wenigen Metern Tiefe den Druck des Wassers. In der Tiefsee herrscht ein sehr hoher Wasserdruck. Die meisten Lebewesen würden von diesem Druck zerquetscht werden. Doch die Bewohner der Tiefsee haben sich daran angepasst. Die meisten von ihnen könnten den geringen Druck an der Wasseroberfläche nicht aushalten und würden oben sofort sterben.

Wellenlänge Stell dir eine gemalte Wellenlinie vor. Die Wellen können eng verlaufen – das sind dann kurze Wellen – oder aber weit – das sind lange Wellen. Lichtstrahlen sind auch wellenförmig. Je nach Wellenlänge sieht das Licht anders aus. Kurzwelliges Licht sehen wir violett. Wenn die Wellen länger werden, ändert sich die Farbe über blau, grün, gelb und orange zum langwelligen Rot.

Zelle Alle Lebewesen sind aus einzelnen Zellen aufgebaut. Die Zelle ist die kleinste Einheit, mit einem Zellkern in der Mitte und einer Hülle, die sie nach außen abgrenzt. Aber nicht alle Zellen sind gleich. Zellen in Leuchtorganen sehen ganz anders aus als Eizellen oder Hautzellen.

Zellkern Im Innern der Zelle befindet sich der Zellkern, der die Gene enthält.

BITTE NICHT ANFASSEN

Es macht viel Spaß, wilde Tiere zu beobachten. Aber fass sie lieber nicht an. Das gilt auch für leuchtende Tiere.

MEERESLEUCHTEN ENTDECKT?

Großartig. Aber bitte schwimm nicht durch das Meeresleuchten hindurch. Die Kleinstlebewesen, die das Leuchten verursachen, könnten giftig sein.

FREIHEIT FÜR GLÜHWÜRMCHEN!

Es ist toll, Insekten von Nahem zu beobachten. Doch den Glühwürmchen geht es viel besser, wenn sie frei herumfliegen können und nicht in einem Glas eingesperrt sind. Wenn du welche fängst, lass sie unbedingt am selben Tag und an derselben Stelle wieder frei.

REGISTER